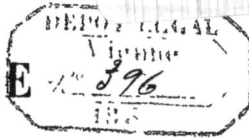

DÉCOMPTE

DES REMISES

ACCORDÉES

AUX RECEVEURS BURALISTES

EN RAISON DES TIMBRES, EXPÉDITIONS ET BULLETINS DÉLIVRÉS

CIRCULAIRE N° 250, DU 9 DÉCEMBBE 1878

Quatrième Édition

—:o:—

POITIERS

LIBRAIRIE ADMINISTRATIVE P. OUDIN

12, RUE SAINT-PIERRE-LE PUELLIER, 12

—

1900

DÉCOMPTE

DES REMISES

ACCORDÉES

AUX RECEVEURS BURALISTES

EN RAISON DES TIMBRES, EXPÉDITIONS ET BULLETINS DÉLIVRÉS

CIRCULAIRE N° 250, DU 9 DECEMBBE 1878

POITIERS

LIBRAIRIE ADMINISTRATIVE P. OUDIN

12, RUE SAINT-PIERRE-LE-PUELLIER, 12

—

1900

DÉCOMPTE

des remises accordées aux receveurs-buralistes

CALCUL DES REMISES ([1]).

Les remises accordées aux receveurs-buralistes sont calculées non seulement sur le nombre des timbres qu'ils délivrent, mais encore sur les bulletins détachés sans timbre de divers registres de perception. Les chefs de service relèvent, à la fin de chaque mois, le nombre de ces bulletins délivrés sans timbre, et les inscrivent au registre de récapitulation n° 33 B, dans un cadre spécial établi à cet effet.

On doit également attribuer aux buralistes une allocation équivalente à un demi-timbre pour la perception des droits d'entrée qu'ils inscrivent aux registres n°s 1, 2 A, 2 B, 4 A, et 4 B.

Cette disposition s'étend nécessairement à tous les enregistrements que les buralistes font aux modèles 1-10 B, et 4 B-10, qui donnent lieu simultanément à la perception des droits généraux (circulation et consommation) et à la perception des droits de taxe unique ou d'entrée.

Dans les lieux assujettis simplement à des droits d'octroi, les quittances relatives à la perception des droits locaux sur les boissons enlevées des entrepôts (registres n°s 1, 2 A, 2 B, 4 A et 4 B) n'entrent dans le calcul des remises que comme bulletins ou quittances se rattachant à la perception des droits du Trésor : aucune addition n'est motivée par la perception du droit d'octroi.

Il n'est accordé, sur les fonds du Trésor, aucune remise proportionnelle sur les timbres des registres, spéciaux à l'octroi, A, B, C, D, DD et K bis. Les receveurs principaux ou particuliers et les buralistes ordinaires qui sont chargés de tenir ces registres, dans les lieux sujets ou non sujets au droit d'entrée, n'ont droit à d'autre indemnité, pour ce service, qu'à celle qui peut leur être allouée soit par la Régie, lorsqu'il existe un traité de gestion, soit par l'administration de l'octroi, dans le cas contraire.

Par sa circulaire n° 331 du 7 janvier 1882, l'Administration a décidé que les bulletins 6 E entreraient pour moitié de leur nombre dans le calcul des remises.

---

(1) Extrait du *Manuel du receveur-buraliste* ; Oudin, imprimeur-éditeur, à Poitiers.

En résumé, le calcul du nombre des expéditions, bulletins, quittances, etc., donnant lieu à des remises, doit être établi de la manière suivante :

BASES DES DÉCOMPTES.

Timbres employés (cadre n° 2 du reg. n° 33 B).

A ajouter :

Bulletins ou quittances détachés sans timbres des registres n°s 1er, 1-10 B, 2 A, 2 B, 2 C, 2 D, 3 B, 4 A, 5.

Moitié du nombre des décomptes établis, en ce qui concerne le droit d'entrée et de taxe unique, aux registres n°s 1er, 1-10 B, 2 A, 2 B, 2 C, 2 D, 4 A, 4 B, 4 B-10.

Moitié du nombre des bulletins 6 E délivrés pour des acquits des registres 2 A, 2 B, 2 C, 2 D.

La liquidation des remises afférentes à chaque recette-buraliste s'effectue d'après le tarif suivant, qui est appliqué à chaque période mensuelle, d'un arrêté à l'autre :

Jusqu'à 100 expéditions.	12 c.	1⟋2	par timbre délivré.
De 101 à 300 —	7		—
De 301 à 500 —	5		—
De 501 à 700 —	4	1⟋2	—
De 701 à 1000 —	3	1⟋2	—
Au delà de 1000 —	2	1⟋2	—

Afin de faciliter la tâche des receveurs-buralistes et des vérificateurs, nous avons établi différents barêmes, que l'on trouvera plus loin, et que nous avons divisés en deux parties.

PREMIÈRE PARTIE

Tarifs des remises décroissantes accordées par bureau depuis 1 timbre jusqu'à 10,000

Cette première partie se compose de 20 pages de tableaux, commençant à la page suivante et se continuant sans interruption jusqu'à la seconde partie.

	0	1	2	3	4	5	6	7	8	9
		12	25	37	50	62	75	87	1 00	1 12
10	1 25	1 37	1 50	1 62	1 75	1 87	2 00	2 12	2 25	2 37
20	2 50	2 62	2 75	2 87	3 00	3 12	3 25	3 37	3 50	3 62
30	3 75	3 87	4 00	4 12	4 25	4 37	4 50	4 62	4 75	4 87
40	5 00	5 12	5 25	5 37	5 50	5 62	5 75	5 87	6 00	6 12
50	6 25	6 37	6 50	6 62	6 75	6 87	7 00	7 12	7 25	7 37
60	7 50	7 62	7 75	7 87	8 00	8 12	8 25	8 37	8 50	8 62
70	8 75	8 87	9 00	9 12	9 25	9 37	9 50	9 62	9 75	9 87
80	10 00	10 12	10 25	10 37	10 50	10 62	10 75	10 87	11 00	11 12
90	11 25	11 37	11 50	11 62	11 75	11 87	12 00	12 12	12 25	12 37
100	12 50	12 57	12 64	12 71	12 78	12 85	12 92	12 99	13 06	13 13
110	13 20	13 27	13 34	13 41	13 48	13 55	13 62	13 69	13 76	13 83
120	13 90	13 97	14 04	14 11	14 18	14 25	14 32	14 39	14 46	14 53
130	14 60	14 67	14 74	14 81	14 88	14 95	15 02	15 09	15 16	15 23
140	15 30	15 37	15 44	15 51	15 58	15 65	15 72	15 79	15 86	15 93
150	16 00	16 07	16 14	16 21	16 28	16 35	16 42	16 49	16 56	16 63
160	16 70	16 77	16 84	16 91	16 98	17 05	17 12	17 19	17 26	17 33
170	17 40	17 47	17 54	17 61	17 68	17 75	17 82	17 89	17 96	18 03
180	18 10	18 17	18 24	18 31	18 38	18 45	18 52	18 59	18 66	18 73
190	18 80	18 87	18 94	19 01	19 08	19 15	19 22	19 29	19 36	19 43
200	19 50	19 57	19 64	19 71	19 78	19 85	19 92	19 99	20 06	20 13
210	20 20	20 27	20 34	20 41	20 48	20 55	20 62	20 69	20 76	20 83
220	20 90	20 97	21 04	21 11	21 18	21 25	21 32	21 39	21 46	21 53
230	21 60	21 67	21 74	21 81	21 88	21 95	22 02	22 09	22 16	22 23
240	22 30	22 37	22 44	22 51	22 58	22 65	22 72	22 79	22 86	22 93
250	23 00	23 07	23 14	23 21	23 28	23 35	23 42	23 49	23 56	23 63
260	23 70	23 77	23 84	23 91	23 98	24 05	24 12	24 19	24 26	24 33
270	24 40	24 47	24 54	24 61	24 68	24 75	24 82	24 89	24 96	25 03
280	25 10	25 17	25 24	25 31	25 38	25 45	25 52	25 59	25 66	25 73
290	25 80	25 87	25 94	26 01	26 08	26 15	26 22	26 29	26 36	26 43
300	26 50	26 55	26 60	26 65	26 70	26 75	26 80	26 85	26 90	26 95
310	27 00	27 05	27 10	27 15	27 20	27 25	27 30	27 35	27 40	27 45
320	27 50	27 55	27 60	27 65	27 70	27 75	27 80	27 85	27 90	27 95
330	28 00	28 05	28 10	28 15	28 20	28 25	28 30	28 35	28 40	28 45
340	28 50	28 55	28 60	28 65	28 70	28 75	28 80	28 85	28 90	28 95
350	29 00	29 05	29 10	29 15	29 20	29 25	29 30	29 35	29 40	29 45
360	29 50	29 55	29 60	29 65	29 70	29 75	29 80	29 85	29 90	29 95
370	30 00	30 05	30 10	30 15	30 20	30 25	30 30	30 35	30 40	30 45
380	30 50	30 55	30 60	30 65	30 70	30 75	30 80	30 85	30 90	30 95
390	31 00	31 05	31 10	31 15	31 20	31 25	31 30	31 35	31 40	31 45
400	31 50	31 55	31 60	31 65	31 70	31 75	31 80	31 85	31 90	31 95
410	32 00	32 05	32 10	32 15	32 20	32 25	32 30	32 35	32 40	32 45
420	32 50	32 55	32 60	32 65	32 70	32 75	32 80	32 85	32 90	32 95
430	33 00	33 05	33 10	33 15	33 20	33 25	33 30	33 35	33 40	33 45
440	33 50	33 55	33 60	33 65	33 70	33 75	33 80	33 85	33 90	33 95
450	34 00	34 05	34 10	34 15	34 20	34 25	34 30	34 35	34 40	34 45
460	34 50	34 55	34 60	34 65	34 70	34 75	34 80	34 85	34 90	34 95
470	35 00	35 05	35 10	35 15	35 20	35 25	35 30	35 35	35 40	35 45
480	35 50	35 55	35 60	35 65	35 70	35 75	35 80	35 85	35 90	35 95
490	36 00	36 05	36 10	36 15	36 20	36 25	36 30	36 35	36 40	36 45

	0	1	2	3	4	5	6	7	8	9
500	36 50	36 54	36 59	36 63	36 68	36 72	36 77	36 81	36 86	36 90
510	36 95	36 99	37 04	37 08	37 13	37 17	37 22	37 26	37 31	37 35
520	37 40	37 44	37 49	37 53	37 58	37 62	37 67	37 71	37 76	37 80
530	37 85	37 89	37 94	37 98	38 03	38 07	38 12	38 16	38 21	38 25
540	38 30	38 34	38 39	38 43	38 48	38 52	38 57	38 61	38 66	38 70
550	38 75	38 79	38 84	38 88	38 93	38 97	39 02	39 06	39 11	39 15
560	39 20	39 24	39 29	39 33	39 38	39 42	39 47	39 51	39 56	39 60
570	39 65	39 69	39 74	39 78	39 83	39 87	39 92	39 96	40 01	40 05
580	40 10	40 14	40 19	40 23	40 28	40 32	40 37	40 41	40 46	40 50
590	40 55	40 59	40 64	40 68	40 73	40 77	40 82	40 86	40 91	40 95
600	41 00	41 04	41 09	41 13	41 18	41 22	41 27	41 31	41 36	41 40
610	41 45	41 49	41 54	41 58	41 63	41 67	41 72	41 76	41 81	41 85
620	41 90	41 94	41 99	42 03	42 08	42 12	42 17	42 21	42 26	42 30
630	42 35	42 39	42 44	42 48	42 53	42 57	42 62	42 66	42 71	42 75
640	42 80	42 84	42 89	42 93	42 98	43 02	43 07	43 11	43 16	43 20
650	43 25	43 29	43 34	43 38	43 43	43 47	43 52	43 56	43 61	43 65
660	43 70	43 74	43 79	43 83	43 88	43 92	43 97	44 01	44 06	44 10
670	44 15	44 19	44 24	44 28	44 33	44 37	44 42	44 46	44 51	44 55
680	44 60	44 64	44 69	44 73	44 78	44 82	44 87	44 91	44 96	45 00
690	45 05	45 09	45 14	45 18	45 23	45 27	45 32	45 36	45 41	45 45
700	45 50	45 53	45 57	45 60	45 64	45 67	45 71	45 74	45 78	45 81
710	45 85	45 88	45 92	45 95	45 99	46 02	46 06	46 09	46 13	46 16
720	46 20	46 23	46 27	46 30	46 34	46 37	46 41	46 44	46 48	46 51
730	46 55	46 58	46 62	46 65	46 69	46 72	46 76	46 79	46 83	46 86
740	46 90	46 93	46 97	47 00	47 04	47 07	47 11	47 14	47 18	47 21
750	47 25	47 28	47 32	47 35	47 39	47 42	47 46	47 49	47 53	47 56
760	47 60	47 63	47 67	47 70	47 74	47 77	47 81	47 84	47 88	47 91
770	47 95	47 98	48 02	48 05	48 09	48 12	48 16	48 19	48 23	48 26
780	48 30	48 33	48 37	48 40	48 44	48 47	48 51	48 54	48 58	48 61
790	48 65	48 68	48 72	48 75	48 79	48 82	48 86	48 89	48 93	48 96
800	49 00	49 03	49 07	49 10	49 14	49 17	49 21	49 24	49 28	49 31
810	49 35	49 38	49 42	49 45	49 49	49 52	49 56	49 59	49 63	49 66
820	49 70	49 73	49 77	49 80	49 84	49 87	49 91	49 94	49 98	50 01
830	50 05	50 08	50 12	50 15	50 19	50 22	50 26	50 29	50 33	50 36
840	50 40	50 43	50 47	50 50	50 54	50 57	50 61	50 64	50 68	50 71
850	50 75	50 78	50 82	50 85	50 89	50 92	50 96	50 99	51 03	51 06
860	51 10	51 13	51 17	51 20	51 24	51 27	51 31	51 34	51 38	51 41
870	51 45	51 48	51 52	51 55	51 59	51 62	51 66	51 69	51 73	51 76
880	51 80	51 83	51 87	51 90	51 94	51 97	52 01	52 04	52 08	52 11
890	52 15	52 18	52 22	52 25	52 29	52 32	52 36	52 39	52 43	52 46
900	52 50	52 53	52 57	52 60	52 64	52 67	52 71	52 74	52 78	52 81
910	52 85	52 88	52 92	52 95	52 99	53 02	53 06	53 09	53 13	53 16
920	53 20	53 23	53 27	53 30	53 34	53 37	53 41	53 44	53 48	53 51
930	53 55	53 58	53 62	53 65	53 69	53 72	53 76	53 79	53 83	53 86
940	53 90	53 93	53 97	54 00	54 04	54 07	54 11	54 14	54 18	54 21
950	54 25	54 28	54 32	54 35	54 39	54 42	54 46	54 49	54 53	54 56
960	54 60	54 63	54 67	54 70	54 74	54 77	54 81	54 84	54 88	54 91
970	54 95	54 98	55 02	55 05	55 09	55 12	55 16	55 19	55 23	55 26
980	55 30	55 33	55 37	55 40	55 44	55 47	55 51	55 54	55 58	55 61
990	55 65	55 68	55 72	55 75	55 79	55 82	55 86	55 89	55 93	55 96

	0	1	2	3	4	5	6	7	8	9
1000	56 00	56 02	56 05	56 07	56 10	56 12	56 15	56 17	56 20	56 22
1010	56 25	56 27	56 30	56 32	56 35	56 37	56 40	56 42	56 45	56 47
1020	56 50	56 52	56 55	56 57	56 60	56 62	56 65	56 67	56 70	56 72
1030	56 75	56 77	56 80	56 82	56 85	56 87	56 90	56 92	56 95	56 97
1040	57 00	57 02	57 05	57 07	57 10	57 12	57 15	57 17	57 20	57 22
1050	57 25	57 27	57 30	57 32	57 35	57 37	57 40	57 42	57 45	57 47
1060	57 50	57 52	57 55	57 57	57 60	57 62	57 65	57 67	57 70	57 72
1070	57 75	57 77	57 80	57 82	57 85	57 87	57 90	57 92	57 95	57 97
1080	58 00	58 02	58 05	58 07	58 10	58 12	58 15	58 17	58 20	58 22
1090	58 25	58 27	58 30	58 32	58 35	58 37	58 40	58 42	58 45	58 47
1100	58 50	58 52	58 55	58 57	58 60	58 62	58 65	58 67	58 70	58 72
1110	58 75	58 77	58 80	58 82	58 85	58 87	58 90	58 92	58 95	58 97
1120	59 00	59 02	59 05	59 07	59 10	59 12	59 15	59 17	59 20	59 22
1130	59 25	59 27	59 30	59 32	59 35	59 37	59 40	59 42	59 45	59 47
1140	59 50	59 52	59 55	59 57	59 60	59 62	59 65	59 67	59 70	59 72
1150	59 75	59 77	59 80	59 82	59 85	59 87	59 90	59 92	59 95	59 97
1160	60 00	60 02	60 05	60 07	60 10	60 12	60 15	60 17	60 20	60 22
1170	60 25	60 27	60 30	60 32	60 35	60 37	60 40	60 42	60 45	60 47
1180	60 50	60 52	60 55	60 57	60 60	60 62	60 65	60 67	60 70	60 72
1190	60 75	60 77	60 80	60 82	60 85	60 87	60 90	60 92	60 95	60 97
1200	61 00	61 02	61 05	61 07	61 10	61 12	61 15	61 17	61 20	61 22
1210	61 25	61 27	61 30	61 32	61 35	61 37	61 40	61 42	61 45	61 47
1220	61 50	61 52	61 55	61 57	61 60	61 62	61 65	61 67	61 70	61 72
1230	61 75	61 77	61 80	61 82	61 85	61 87	61 90	61 92	61 95	61 97
1240	62 00	62 02	62 05	62 07	62 10	62 12	62 15	62 17	62 20	62 22
1250	62 25	62 27	62 30	62 32	62 35	62 37	62 40	62 42	62 45	62 47
1260	62 50	62 52	62 55	62 57	62 60	62 62	62 65	62 67	62 70	62 72
1270	62 75	62 77	62 80	62 82	62 85	62 87	62 90	62 92	62 95	62 97
1280	63 00	63 02	63 05	63 07	63 10	63 12	63 15	63 17	63 20	63 22
1290	63 25	63 27	63 30	63 32	63 35	63 37	63 40	63 42	63 45	63 47
1300	63 50	63 52	63 55	63 57	63 60	63 62	63 65	63 67	63 70	63 72
1310	63 75	63 77	63 80	63 82	63 85	63 87	63 90	63 92	63 95	63 97
1320	64 00	64 02	64 05	64 07	64 10	64 12	64 15	64 17	64 20	64 22
1330	64 25	64 27	64 30	64·32	64 35	64 37	64 40	64 42	64 45	64 47
1340	64 50	64 52	64 55	64 57	64 60	64 62	64 65	64 67	64 70	64 72
1350	64 75	64 77	64 80	64 82	64 85	64 87	64 90	64 92	64 95	64 97
1360	65 00	65 02	65 05	65 07	65 10	65 12	65 15	65 17	65 20	65 22
1370	65 25	65 27	65 30	65 32	65 35	65 37	65 40	65 42	65 45	65 47
1380	65 50	65 52	65 55	65 57	65 60	65 62	65 65	65 67	65 70	65 72
1390	65 75	65 77	65 80	65 82	65 85	65 87	65 90	65 92	65 95	65 97
1400	66 00	66 02	66 05	66 07	66 10	66 12	66 15	66 17	66 20	66 22
1410	66 25	66 27	66 30	66 32	66 35	66 37	66 40	66 42	66 45	66 47
1420	66 50	66 52	66 55	66 57	66 60	66 62	66 65	66 67	66 70	66 72
1430	66 75	66 77	66 80	66 82	66 85	66 87	66 90	66 92	66 95	66 97
1440	67 00	67 02	67 05	67 07	67 10	67 12	67 15	67 17	67 20	67 22
1450	67 25	67 27	67 30	67 32	67 35	67 37	67 40	67 42	67 45	67 47
1460	67 50	67 52	67 55	67 57	67 60	67 62	67 65	67 67	67 70	67 72
1470	67 75	67 77	67 80	67 82	67 85	67 87	67 90	67 92	67 95	67 97
1480	68 00	68 02	68 05	68 07	68 10	68 12	68 15	68 17	68 20	68 22
1490	68 25	68 27	68 30	68 32	68 35	68 37	68 40	68 42	68 45	68 47

	0	**1**	**2**	**3**	**4**	**5**	**6**	**7**	**8**	**9**
1500	68 50	68 52	68 55	68 57	68 60	68 62	68 65	68 67	68 70	68 72
1510	68 75	68 77	68 80	68 82	68 85	68 87	68 90	68 92	68 95	68 97
1520	69 00	69 02	69 05	69 07	69 10	69 12	69 15	69 17	69 20	69 22
1530	69 25	69 27	69 30	69 32	69 35	69 37	69 40	69 42	69 45	69 47
1540	69 50	69 52	69 55	69 57	69 60	69 62	69 65	69 67	69 70	69 72
1550	69 75	69 77	69 80	69 82	69 85	69 87	69 90	69 92	69 95	69 97
1560	70 00	70 02	70 05	70 07	70 10	70 12	70 15	70 17	70 20	70 22
1570	70 25	70 27	70 30	70 32	70 35	70 37	70 40	70 42	70 45	70 47
1580	70 50	70 52	70 55	70 57	70 60	70 62	70 65	70 67	70 70	70 72
1590	70 75	70 77	70 80	70 82	70 85	70 87	70 90	70 92	70 95	70 97
1600	71 00	71 02	71 05	71 07	71 10	71 12	71 15	71 17	71 20	71 22
1610	71 25	71 27	71 30	71 32	71 35	71 37	71 40	71 42	71 45	71 47
1620	71 50	71 52	71 55	71 57	71 60	71 62	71 65	71 67	71 70	71 72
1630	71 75	71 77	71 80	71 82	71 85	71 87	71 90	71 92	71 95	71 97
1640	72 00	72 02	72 05	72 07	72 10	72 12	72 15	72 17	72 20	72 22
1650	72 25	72 27	72 30	72 32	72 35	72 37	72 40	72 42	72 45	72 47
1660	72 50	72 52	72 55	72 57	72 60	72 62	72 65	72 67	72 70	72 72
1670	72 75	72 77	72 80	72 82	72 85	72 87	72 90	72 92	72 95	72 97
1680	73 00	73 02	73 05	73 07	73 10	73 12	73 15	73 17	73 20	73 22
1690	73 25	73 27	73 30	73 32	73 35	73 37	73 40	73 42	73 45	73 47
1700	73 50	73 52	73 55	73 57	73 60	73 62	73 65	73 67	73 70	73 72
1710	73 75	73 77	73 80	73 82	73 85	73 87	73 90	73 92	73 95	73 97
1720	74 00	74 02	74 05	74 07	74 10	74 12	74 15	74 17	74 20	74 22
1730	74 25	74 27	74 30	74 32	74 35	74 37	74 40	74 42	74 45	74 47
1740	74 50	74 52	74 55	74 57	74 60	74 62	74 65	74 67	74 70	74 72
1750	74 75	74 77	74 80	74 82	74 85	74 87	74 90	74 92	74 95	74 97
1760	75 00	75 02	75 05	75 07	75 10	75 12	75 15	75 17	75 20	75 22
1770	75 25	75 27	75 30	75 32	75 35	75 37	75 40	75 42	75 45	75 47
1780	75 50	75 52	75 55	75 57	75 60	75 62	75 65	75 67	75 70	75 72
1790	75 75	75 77	75 80	75 82	75 85	75 87	75 90	75 92	75 95	75 97
1800	76 00	76 02	76 05	76 07	76 10	76 12	76 15	76 17	76 20	76 22
1810	76 25	76 27	76 30	76 32	76 35	76 37	76 40	76 42	76 45	76 47
1820	76 50	76 52	76 55	76 57	76 60	76 62	76 65	76 67	76 70	76 72
1830	76 75	76 77	76 80	76 82	76 85	76 87	76 90	76 92	76 95	76 97
1840	77 00	77 02	77 05	77 07	77 10	77 12	77 15	77 17	77 20	77 22
1850	77 25	77 27	77 30	77 32	77 35	77 37	77 40	77 42	77 45	77 47
1860	77 50	77 52	77 55	77 57	77 60	77 62	77 65	77 67	77 70	77 72
1870	77 75	77 77	77 80	77 82	77 85	77 87	77 90	77 92	77 95	77 97
1880	78 00	78 02	78 05	78 07	78 10	78 12	78 15	78 17	78 20	78 22
1890	78 25	78 27	78 30	78 32	78 35	78 37	78 40	78 42	78 45	78 47
1900	78 50	78 52	78 55	78 57	78 60	78 62	78 65	78 67	78 70	78 72
1910	78 75	78 77	78 80	78 82	78 85	78 87	78 90	78 92	78 95	78 97
1920	79 00	79 02	79 05	79 07	79 10	79 12	79 15	79 17	79 20	79 22
1930	79 25	79 27	79 30	79 32	79 35	79 37	79 40	79 42	79 45	79 47
1940	79 50	79 52	79 55	79 57	79 60	79 62	79 65	79 67	79 70	79 72
1950	79 75	79 77	79 80	79 82	79 85	79 87	79 90	79 92	79 95	79 97
1960	80 00	80 02	80 05	80 07	80 10	80 12	80 15	80 17	80 20	80 22
1970	80 25	80 27	80 30	80 32	80 35	80 37	80 40	80 42	80 45	80 47
1980	80 50	80 52	80 55	80 57	80 60	80 62	80 65	80 67	80 70	80 72
1990	80 75	80 77	80 80	80 82	80 85	80 87	80 90	80 92	80 95	80 97

	0	1	2	3	4	5	6	7	8	9
2000	81 00	81 02	81 05	81 07	81 10	81 12	81 15	81 17	81 20	81 22
2010	81 25	81 27	81 30	81 32	81 35	81 37	81 40	81 42	81 45	81 47
2020	81 50	81 52	81 55	81 57	81 60	81 62	81 65	81 67	81 70	81 72
2030	81 75	81 77	81 80	81 82	81 85	81 87	81 90	81 92	81 95	81 97
2040	82 00	82 02	82 05	82 07	82 10	82 12	82 15	82 17	82 20	82 22
2050	82 25	82 27	82 30	82 32	82 35	82 37	82 40	82 42	82 45	82 47
2060	82 50	82 52	82 55	82 57	82 60	82 62	82 65	82 67	82 70	82 72
2070	82 75	82 77	82 80	82 82	82 85	82 87	82 90	82 92	82 95	82 97
2080	83 00	83 02	83 05	83 07	83 10	83 12	83 15	83 17	83 20	83 22
2090	83 25	83 27	83 30	83 32	83 35	83 37	83 40	83 42	83 45	83 47
2100	83 50	83 52	83 55	83 57	83 60	83 62	83 65	83 67	83 70	83 72
2110	83 75	83 77	83 80	83 82	83 85	83 87	83 90	83 92	83 95	83 97
2120	84 00	84 02	84 05	84 07	84 10	84 12	84 15	84 17	84 20	84 22
2130	84 25	84 27	84 30	84 32	84 35	84 37	84 40	84 42	84 45	84 47
2140	84 50	84 52	84 55	84 57	84 60	84 62	84 65	84 67	84 70	84 72
2150	84 75	84 77	84 80	84 82	84 85	84 87	84 90	84 92	84 95	84 97
2160	85 00	85 02	85 05	85 07	85 10	85 12	85 15	85 17	85 20	85 22
2170	85 25	85 27	85 30	85 32	85 35	85 37	85 40	85 42	85 45	85 47
2180	85 50	85 52	85 55	85 57	85 60	85 62	85 65	85 67	85 70	85 72
2190	85 75	85 77	85 80	85 82	85 85	85 87	85 90	85 92	85 95	85 97
2200	86 00	86 02	86 05	86 07	86 10	86 12	86 15	86 17	86 20	86 22
2210	86 25	86 27	86 30	86 32	86 35	86 37	86 40	86 42	86 45	86 47
2220	86 50	86 52	86 55	86 57	86 60	86 62	86 65	86 67	86 70	86 72
2230	86 75	86 77	86 80	86 82	86 85	86 87	86 90	86 92	86 95	86 97
2240	87 00	87 02	87 05	87 07	87 10	87 12	87 15	87 17	87 20	87 22
2250	87 25	87 27	87 30	87 32	87 35	87 37	87 40	87 42	87 45	87 47
2260	87 50	87 52	87 55	87 57	87 60	87 62	87 65	87 67	87 70	87 72
2270	87 75	87 77	87 80	87 82	87 85	87 87	87 90	87 92	87 95	87 97
2280	88 00	88 02	88 05	88 07	88 10	88 12	88 15	88 17	88 20	88 22
2290	88 25	88 27	88 30	88 32	88 35	88 37	88 40	88 42	88 45	88 47
2300	88 50	88 52	88 55	88 57	88 60	88 62	88 65	88 67	88 70	88 72
2310	88 75	88 77	88 80	88 82	88 85	88 87	88 90	88 92	88 95	88 97
2320	89 00	89 02	89 05	89 07	89 10	89 12	89 15	89 17	89 20	89 22
2330	89 25	89 27	89 30	89 32	89 35	89 37	89 40	89 42	89 45	89 47
2340	89 50	89 52	89 55	89 57	89 60	89 62	89 65	89 67	89 70	89 72
2350	89 75	89 77	89 80	89 82	89 85	89 87	89 90	89 92	89 95	89 97
2360	90 00	90 02	90 05	90 07	90 10	90 12	90 15	90 17	90 20	90 22
2370	90 25	90 27	90 30	90 32	90 35	90 37	90 40	90 42	90 45	90 47
2380	90 50	90 52	90 55	90 57	90 60	90 62	90 65	90 67	90 70	90 72
2390	90 75	90 77	90 80	90 82	90 85	90 87	90 90	90 92	90 95	90 97
2400	91 00	91 02	91 05	91 07	91 10	91 12	91 15	91 17	91 20	91 22
2410	91 25	91 27	91 30	91 32	91 35	91 37	91 40	91 42	91 45	91 47
2420	91 50	91 52	91 55	91 57	91 60	91 62	91 65	91 67	91 70	91 72
2430	91 75	91 77	91 80	91 82	91 85	91 87	91 90	91 92	91 95	91 97
2440	92 00	92 02	92 05	92 07	92 10	92 12	92 15	92 17	92 20	92 22
2450	92 25	92 27	92 30	92 32	92 35	92 37	92 40	92 42	92 45	92 47
2460	92 50	92 52	92 55	92 57	92 60	92 62	92 65	92 67	92 70	92 72
2470	92 75	92 77	92 80	92 82	92 85	92 87	92 90	92 92	92 95	92 97
2480	93 00	93 02	93 05	93 07	93 10	93 12	93 15	93 17	93 20	93 22
2490	93 25	93 27	93 30	93 32	93 35	93 37	93 40	93 42	93 45	93 47

	0	1	2	3	4	5	6	7	8	9
2500	93 50	93 52	93 55	93 57	93 60	93 62	93 65	93 67	93 70	93 72
2510	93 75	93 77	93 80	93 82	93 85	93 87	93 90	93 92	93 95	93 97
2520	94 00	94 02	94 05	94 07	94 10	94 12	94 15	94 17	94 20	94 22
2530	94 25	94 27	94 30	94 32	94 35	94 37	94 40	94 42	94 45	94 47
2540	94 50	94 52	94 55	94 57	94 60	94 62	94 65	94 67	94 70	94 72
2550	94 75	94 77	94 80	94 82	94 85	94 87	94 90	94 92	94 95	94 97
2560	95 00	95 02	95 05	95 07	95 10	95 12	95 15	95 17	95 20	95 22
2570	95 25	95 27	95 30	95 32	95 35	95 37	95 40	95 42	95 45	95 47
2580	95 50	95 52	95 55	95 57	95 60	95 62	95 65	95 67	95 70	95 72
2590	95 75	95 77	95 80	95 82	95 85	95 87	95 90	95 92	95 95	95 97
2600	96 00	96 02	96 05	96 07	96 10	96 12	96 15	96 17	96 20	96 22
2610	96 25	96 27	96 30	96 32	96 35	96 37	96 40	96 42	96 45	96 47
2620	96 50	96 52	96 55	96 57	96 60	96 62	96 65	96 67	96 70	96 72
2630	96 75	96 77	96 80	96 82	96 85	96 87	96 90	96 92	96 95	96 97
2640	97 00	97 02	97 05	97 07	97 10	97 12	97 15	97 17	97 20	97 22
2650	97 25	97 27	97 30	97 32	97 35	97 37	97 40	97 42	97 45	97 47
2660	97 50	97 52	97 55	97 57	97 60	97 62	97 65	97 67	97 70	97 72
2670	97 75	97 77	97 80	97 82	97 85	97 87	97 90	97 92	97 95	97 97
2680	98 00	98 02	98 05	98 07	98 10	98 12	98 15	98 17	98 20	98 22
2690	98 25	98 27	98 30	98 32	98 35	98 37	98 40	98 42	98 45	98 47
2700	98 50	98 52	98 55	98 57	98 60	98 62	98 65	98 67	98 70	98 72
2710	98 75	98 77	98 80	98 82	98 85	98 87	98 90	98 92	98 95	98 97
2720	99 00	99 02	99 05	99 07	99 10	99 12	99 15	99 17	99 20	99 22
2730	99 25	99 27	99 30	99 32	99 35	99 37	99 40	99 42	99 45	99 47
2740	99 50	99 52	99 55	99 57	99 60	99 62	99 65	99 67	99 70	99 72
2750	99 75	99 77	99 80	99 82	99.85	99 87	99 90	99 92	99 95	99 97
2760	100 00	100 02	100 05	100 07	100 10	100 12	100 15	100 17	100 20	100 22
2770	100 25	100 27	100 30	100 32	100 35	100 37	100 40	100 42	100 45	100 47
2780	100 50	100 52	100 55	100 57	100 60	100 62	100 65	100 67	100 70	100 72
2790	100 75	100 77	100 80	100 82	100 85	100 87	100 90	100 92	100 95	100 97
2800	101 00	101 02	101 05	101 07	101 10	101 12	101 15	101 17	101 20	101 22
2810	101 25	101 27	101 30	101 32	101 35	101 37	101 40	101 42	101 45	101 47
2820	101 50	101 52	101 55	101 57	101 60	101 62	101 65	101 67	101 70	101 72
2830	101 75	101 77	101 80	101 82	101 85	101 87	101 90	101 92	101 95	101 97
2840	102 00	102 02	102 05	102 07	102 10	102 12	102 15	102 17	102 20	102 22
2850	102 25	102 27	102 30	102 32	102 35	102 37	102 40	102 42	102 45	102 47
2860	102 50	102 52	102 55	102 57	102 60	102 62	102 65	102 67	102 70	102 72
2870	102 75	102 77	102 80	102 82	102 85	102 87	102 90	102 92	102 95	102 97
2880	103 00	103 02	103 05	103 07	103 10	103 12	103 15	103 17	103 20	103 22
2890	103 25	103 27	103 30	103 32	103 35	103 37	103 40	103 42	103 45	103 47
2900	103 50	103 52	103 55	103 57	103 60	103 62	103 65	103 67	103 70	103 72
2910	103 75	103 77	103 80	103 82	103 85	103 87	103 90	103 92	103 95	103 97
2920	104 00	104 02	104 05	104 07	104 10	104 12	104 15	104 17	104 20	104 22
2930	104 25	104 27	104 30	104 32	104 35	104 37	104 40	104 42	104 45	104 47
2940	104 50	104 52	104 55	104 57	104 60	104 62	104 65	104 67	104 70	104 72
2950	104 75	104 77	104 80	104 82	104 85	104 87	104 90	104 92	104 95	104 97
2960	105 00	105 02	105 05	105 07	105 10	105 12	105 15	105 17	105 20	105 22
2970	105 25	105 27	105 30	105 32	105 35	105 37	105 40	105 42	105 45	105 47
2980	105 50	105 52	105 55	105 57	105 60	105 62	105 65	105 67	105 70	105 72
2990	105 75	105 77	105 80	105 82	105 85	105 87	105 90	105 92	105 95	105 97

	0	1	2	3	4	5	6	7	8	9
3000	106 00	106 02	106 05	106 07	106 10	106 12	106 15	106 17	106 20	106 22
3010	106 25	106 27	106 30	106 32	106 35	106 37	106 40	106 42	106 45	106 47
3020	106 50	106 52	106 55	106 57	106 60	106 62	106 65	106 67	106 70	106 72
3030	106 75	106 77	106 80	106 82	106 85	106 87	106 90	106 92	106 95	106 97
3040	107 00	107 02	107 05	107 07	107 10	107 12	107 15	107 17	107 20	107 22
3050	107 25	107 27	107 30	107 32	107 35	107 37	107 40	107 42	107 45	107 47
3060	107 50	107 52	107 55	107 57	107 60	107 62	107 65	107 67	107 70	107 72
3070	107 75	107 77	107 80	107 82	107 85	107 87	107 90	107 92	107 95	107 97
3080	108 00	108 02	108 05	108 07	108 10	108 12	108 15	108 17	108 20	108 22
3090	108 25	108 27	108 30	108 32	108 35	108 37	108 40	108 42	108 45	108 47
3100	108 50	108 52	108 55	108 57	108 60	108 62	108 65	108 67	108 70	108 72
3110	108 75	108 77	108 80	108 82	108 85	108 87	108 90	108 92	108 95	108 97
3120	109 00	109 02	109 05	109 07	109 10	109 12	109 15	109 17	109 20	109 22
3130	109 25	109 27	109 30	109 32	109 35	109 37	109 40	109 42	109 45	109 47
3140	109 50	109 52	109 55	109 57	109 60	109 62	109 65	109 67	109 70	109 72
3150	109 75	109 77	109 80	109 82	109 85	109 87	109 90	109 92	109 95	109 97
3160	110 00	110 02	110 05	110 07	110 10	110 12	110 15	110 17	110 20	110 22
3170	110 25	110 27	110 30	110 32	110 35	110 37	110 40	110 42	110 45	110 47
3180	110 50	110 52	110 55	110 57	110 60	110 62	110 65	110 67	110 70	110 72
3190	110 75	110 77	110 80	110 82	110 85	110 87	110 90	110 92	110 95	110 97
3200	111 00	111 02	111 05	111 07	111 10	111 12	111 15	111 17	111 20	111 22
3210	111 25	111 27	111 30	111 32	111 35	111 37	111 40	111 42	111 45	111 47
3220	111 50	111 52	111 55	111 57	111 60	111 62	111 65	111 67	111 70	111 72
3230	111 75	111 77	111 80	111 82	111 85	111 87	111 90	111 92	111 95	111 97
3240	112 00	112 02	112 05	112 07	112 10	112 12	112 15	112 17	112 20	112 22
3250	112 25	112 27	112 30	112 32	112 35	112 37	112 40	112 42	112 45	112 47
3260	112 50	112 52	112 55	112 57	112 60	112 62	112 65	112 67	112 70	112 72
3270	112 75	112 77	112 80	112 82	112 85	112 87	112 90	112 92	112 95	112 97
3280	113 00	113 02	113 05	113 07	113 10	113 12	113 15	113 17	113 20	113 22
3290	113 25	113 27	113 30	113 32	113 35	113 37	113 40	113 42	113 45	113 47
3300	113 50	113 52	113 55	113 57	113 60	113 62	113 65	113 67	113 70	113 72
3310	113 75	113 77	113 80	113 82	113 85	113 87	113 90	113 92	113 95	113 97
3320	114 00	114 02	114 05	114 07	114 10	114 12	114 15	114 17	114 20	114 22
3330	114 25	114 27	114 30	114 32	114 35	114 37	114 40	114 42	114 45	114 47
3340	114 50	114 52	114 55	114 57	114 60	114 62	114 65	114 67	114 70	114 72
3350	114 75	114 77	114 80	114 82	114 85	114 87	114 90	114 92	114 95	114 97
3360	115 00	115 02	115 05	115 07	115 10	115 12	115 15	115 17	115 20	115 22
3370	115 25	115 27	115 30	115 32	115 35	115 37	115 40	115 42	115 45	115 47
3380	115 50	115 52	115 55	115 57	115 60	115 62	115 65	115 67	115 70	115 72
3390	115 75	115 77	115 80	115 82	115 85	115 87	115 90	115 92	115 95	115 97
3400	116 00	116 02	116 05	116 07	116 10	116 12	116 15	116 17	116 20	116 22
3410	116 25	116 27	116 30	116 32	116 35	116 37	116 40	116 42	116 45	116 47
3420	116 50	116 52	116 55	116 57	116 60	116 62	116 65	116 67	116 70	116 72
3430	116 75	116 77	116 80	116 82	116 85	116 87	116 90	116 92	116 95	116 97
3440	117 00	117 02	117 05	117 07	117 10	117 12	117 15	117 17	117 20	117 22
3450	117 25	117 27	117 30	117 32	117 35	117 37	117 40	117 42	117 45	117 47
3460	117 50	117 52	117 55	117 57	117 60	117 62	117 65	117 67	117 70	117 72
3470	117 75	117 77	117 80	117 82	117 85	117 87	117 90	117 92	117 95	117 97
3480	118 00	118 02	118 05	118 07	118 10	118 12	118 15	118 17	118 20	118 22
3490	118 25	118 27	118 30	118 32	118 35	118 37	118 40	118 42	118 45	118 47

	0	1	2	3	4	5	6	7	8	9
3500	118 50	118 52	118 55	118 57	118 60	118 62	118 65	118 67	118 70	118 72
3510	118 75	118 77	118 80	118 82	118 85	118 87	118 90	118 92	118 95	118 97
3520	119 00	119 02	119 05	119 07	119 10	119 12	119 15	119 17	119 20	119 22
3530	119 25	119 27	119 30	119 32	119 35	119 37	119 40	119 42	119 45	119 47
3540	119 50	119 52	119 55	119 57	119 60	119 62	119 65	119 67	119 70	119 72
3550	119 75	119 77	119 80	119 82	119 85	119 87	119 90	119 92	119 95	119 97
3560	120 00	120 02	120 05	120 07	120 10	120 12	120 15	120 17	120 20	120 22
3570	120 25	120 27	120 30	120 32	120 35	120 37	120 40	120 42	120 45	120 47
3580	120 50	120 52	120 55	120 57	120 60	120 62	120 65	120 67	120 70	120 72
3590	120 75	120 77	120 80	120 82	120 85	120 87	120 90	120 92	120 95	120 97
3600	121 00	121 02	121 05	121 07	121 10	121 12	121 15	121 17	121 20	121 22
3610	121 25	121 27	121 30	121 32	121 35	121 37	121 40	121 42	121 45	121 47
3620	121 50	121 52	121 55	121 57	121 60	121 62	121 65	121 67	121 70	121 72
3630	121 75	121 77	121 80	121 82	121 85	121 87	121 90	121 92	121 95	121 97
3640	122 00	122 02	122 05	122 07	122 10	122 12	122 15	122 17	122 20	122 22
3650	122 25	122 27	122 30	122 32	122 35	122 37	122 40	122 42	122 45	122 47
3660	122 50	122 52	122 55	122 57	122 60	122 62	122 65	122 67	122 70	122 72
3670	122 75	122 77	122 80	122 82	122 85	122 87	122 90	122 92	122 95	122 97
3680	123 00	123 02	123 05	123 07	123 10	123 12	123 15	123 17	123 20	123 22
3690	123 25	123 27	123 30	123 32	123 35	123 37	123 40	123 42	123 45	123 47
3700	123 50	123 52	123 55	123 57	123 60	123 62	123 65	123 67	123 70	123 72
3710	123 75	123 77	123 80	123 82	123 85	123 87	123 90	123 92	123 95	123 97
3720	124 00	124 02	124 05	124 07	124 10	124 12	124 15	124 17	124 20	124 22
3730	124 25	124 27	124 30	124 32	124 35	124 37	124 40	124 42	124 45	124 47
3740	124 50	124 52	124 55	124 57	124 60	124 62	124 65	124 67	124 70	124 72
3750	124 75	124 77	124 80	124 82	124 85	124 87	124 90	124 92	124 95	124 97
3760	125 00	125 02	125 05	125 07	125 10	125 12	125 15	125 17	125 20	125 22
3770	125 25	125 27	125 30	125 32	125 35	125 37	125 40	125 42	125 45	125 47
3780	125 50	125 52	125 55	125 57	125 60	125 62	125 65	125 67	125 70	125 72
3790	125 75	125 77	125 80	125 82	125 85	125 87	125 90	125 92	125 95	125 97
3800	126 00	126 02	126 05	126 07	126 10	126 12	126 15	126 17	126 20	126 22
3810	126 25	126 27	126 30	126 32	126 35	126 37	126 40	126 42	126 45	126 47
3820	126 50	126 52	126 55	126 57	126 60	126 62	126 65	126 67	126 70	126 72
3830	126 75	126 77	126 80	126 82	126 85	126 87	126 90	126 92	126 95	126 97
3840	127 00	127 02	127 05	127 07	127 10	127 12	127 15	127 17	127 20	127 22
3850	127 25	127 27	127 30	127 32	127 35	127 37	127 40	127 42	127 45	127 47
3860	127 50	127 52	127 55	127 57	127 60	127 62	127 65	127 67	127 70	127 72
3870	127 75	127 77	127 80	127 82	127 85	127 87	127 90	127 92	127 95	127 97
3880	128 00	128 02	128 05	128 07	128 10	128 12	128 15	128 17	128 20	128 22
3890	128 25	128 27	128 30	128 32	128 35	128 37	128 40	128 42	128 45	128 47
3900	128 50	128 52	128 55	128 57	128 60	128 62	128 65	128 67	128 70	128 72
3910	128 75	128 77	128 80	128 82	128 85	128 87	128 90	128 92	128 95	128 97
3920	129 00	129 02	129 05	129 07	129 10	129 12	129 15	129 17	129 20	129 22
3930	129 25	129 27	129 30	129 32	129 35	129 37	129 40	129 42	129 45	129 47
3940	129 50	129 52	129 55	129 57	129 60	129 62	129 63	129 67	129 70	129 72
3950	129 75	129 77	129 80	129 82	129 85	129 87	129 90	129 92	129 95	129 97
3960	130 00	130 02	130 05	130 07	130 10	130 12	130 15	130 17	130 20	130 22
3970	130 25	130 27	130 30	130 32	130 35	130 37	130 40	130 42	130 45	130 47
3980	130 50	130 52	130 55	130 57	130 60	130 62	130 65	130 67	130 70	130 72
3990	130 75	130 77	130 80	130 82	130 85	130 87	130 90	130 92	130 95	130 97

	0	1	2	3	4	5	6	7	8	9
4000	131 00	131 02	131 05	131 07	131 10	131 12	131 15	131 17	131 20	131 22
4010	131 25	131 27	131 30	131 32	131 35	131 37	131 40	131 42	131 45	131 47
4020	131 50	131 52	131 55	131 57	131 60	131 62	131 65	131 67	131 70	131 72
4030	131 75	131 77	131 80	131 82	131 85	131 87	131 90	131 92	131 95	131 97
4040	132 00	132 02	132 05	132 07	132 10	132 12	132 15	132 17	132 20	132 22
4050	132 25	132 27	132 30	132 32	132 35	132 37	132 40	132 42	132 45	132 47
4060	132 50	132 52	132 55	132 57	132 60	132 62	132 65	132 67	132 70	132 72
4070	132 75	132 77	132 80	132 82	132 85	132 87	132 90	132 92	132 95	132 97
4080	133 00	133 02	133 05	133 07	133 10	133 12	133 15	133 17	133 20	133 22
4090	133 25	133 27	133 30	133 32	133 35	133 37	133 40	133 42	133 45	133 47
4100	133 50	133 52	133 55	133 57	133 60	133 62	133 65	133 67	133 70	133 72
4110	133 75	133 77	133 80	133 82	133 85	133 87	133 90	133 92	133 95	133 97
4120	134 00	134 02	134 05	134 07	134 10	132 12	134 15	134 17	134 20	134 22
4130	134 25	134 27	134 30	134 32	134 35	134 37	134 40	134 42	134 45	134 47
4140	134 50	134 52	134 55	134 57	134 60	134 62	134 65	134 67	134 70	134 72
4150	134 75	134 77	134 80	134 82	134 85	134 87	134 90	134 92	134 95	134 97
4160	135 00	135 02	135 05	135 07	135 10	135 12	135 15	135 17	135 20	135 22
4170	135 25	135 27	135 30	135 32	135 35	135 37	135 40	135 42	135 45	135 47
4180	135 50	135 52	135 55	135 57	135 60	135 62	135 65	135 67	135 70	135 72
4190	135 75	135 77	135 80	135 82	135 85	135 87	135 90	135 92	135 95	135 97
4200	136 00	136 02	136 05	136 07	136 10	136 12	136 15	136 17	136 20	136 22
4210	136 25	136 27	136 30	136 32	136 35	136 37	136 40	136 42	136 45	136 47
4220	136 50	136 52	136 55	136 57	136 60	136 62	136 65	136 67	136 70	136 72
4230	136 75	136 77	136 80	136 82	136 85	136 87	136 90	136 92	136 95	136 97
4240	137 00	137 02	137 05	137 07	137 10	137 12	137 15	137 17	137 20	137 22
4250	137 25	137 27	137 30	137 32	137 35	137 37	137 40	137 42	137 45	137 47
4260	137 50	137 52	137 55	137 57	137 60	137 62	137 65	137 67	137 70	137 72
4270	137 75	137 77	137 80	137 82	137 85	137 87	137 90	137 92	137 95	137 97
4280	138 00	138 02	138 05	138 07	138 10	138 12	138 15	138 17	138 20	138 22
4290	138 25	138 27	138 30	138 32	138 35	138 37	138 40	138 42	138 45	138 47
4300	138 50	138 52	138 55	138 57	138 60	138 62	138 65	138 67	138 70	138 72
4310	138 75	138 77	138 80	138 82	138 85	138 87	138 90	138 92	138 95	138 97
4320	139 00	139 02	139 05	139 07	139 10	139 12	139 15	139 17	139 20	139 22
4330	139 25	139 27	139 30	139 32	139 35	139 37	139 40	139 42	139 45	139 47
4340	139 50	139 52	139 55	139 57	139 60	139 62	139 65	139 67	139 70	139 72
4350	139 75	139 77	139 80	139 82	139 85	139 87	139 90	139 92	139 95	139 97
4360	140 00	140 02	140 05	140 07	140 10	140 12	140 15	140 17	140 20	140 22
4370	140 25	140 27	140 30	140 32	140 35	140 37	140 40	140 42	140 45	140 47
4380	140 50	140 52	140 55	140 57	140 60	140 62	140 65	140 67	140 70	140 72
4390	140 75	140 77	140 80	140 82	140 85	140 87	140 90	140 92	140 95	140 97
4400	141 00	141 02	141 05	141 07	141 10	141 12	141 15	141 17	141 20	141 22
4410	141 25	141 27	141 30	141 32	141 35	141 37	141 40	141 42	141 45	141 47
4420	141 50	141 52	141 55	141 57	141 60	141 62	141 65	141 67	141 70	141 72
4430	141 75	141 77	141 80	141 82	141 85	141 87	141 90	141 92	141 95	141 97
4440	142 00	142 02	142 05	142 07	142 10	142 12	142 15	142 17	142 20	142 22
4450	142 25	142 27	142 30	142 32	142 35	142 37	142 40	142 42	142 45	142 47
4460	142 50	142 52	142 55	142 57	142 60	142 62	142 65	142 67	142 70	142 72
4470	142 75	142 77	142 80	142 82	142 85	142 87	142 90	142 92	142 95	142 97
4480	143 00	143 02	143 05	143 07	143 10	143 12	143 15	143 17	143 20	143 22
4490	143 25	143 27	143 30	143 32	143 35	143 37	143 40	143 42	143 45	143 47

	0	1	2	3	4	5	6	7	8	9
4500	143 50	143 52	143 55	143 57	143 60	143 62	143 65	143 67	143 70	143 72
4510	143 75	143 77	143 80	143 82	143 85	143 87	143 90	143 92	143 95	143 97
4520	144 00	144 02	144 05	144 07	144 10	144 12	144 15	144 17	144 20	144 22
4530	144 25	144 27	144 30	144 32	144 35	144 37	144 40	144 42	144 45	144 47
4540	144 50	144 52	144 55	144 57	144 60	144 62	144 65	144 67	144 70	144 72
4550	144 75	144 77	144 80	144 82	144 85	144 87	144 90	144 92	144 95	144 97
4560	145 00	145 02	145 05	145 07	145 10	145 12	145 15	145 17	145 20	145 22
4570	145 25	145 27	145 30	145 32	145 35	145 37	145 40	145 42	145 45	145 47
4580	145 50	145 52	145 55	145 57	145 60	145 62	145 65	145 67	145 70	145 72
4590	145 75	145 77	145 80	145 82	145 85	145 87	145 90	145 92	145 95	145 97
4600	146 00	146 02	146 05	146 07	146 10	146 12	146 15	146 17	146 20	146 22
4610	146 25	146 27	146 30	146 32	146 35	146 37	146 40	146 42	146 45	146 47
4620	146 50	146 52	146 55	146 57	146 60	146 60	146 65	146 67	146 70	146 72
4630	146 75	146 77	146 80	146 82	146 85	146 87	146 90	146 92	146 95	146 97
4640	147 00	147 02	147 05	147 07	147 10	147 12	147 15	147 17	147 20	147 22
4650	147 25	147 27	147 30	147 32	147 35	147 37	147 40	147 42	147 45	147 47
4660	147 50	147 52	147 55	147 57	147 60	147 62	147 65	147 67	147 70	147 72
4670	147 75	147 77	147 80	147 82	147 85	147 87	147 90	147 92	147 95	147 97
4680	148 00	148 02	148 05	148 07	148 10	148 12	148 15	148 17	148 20	148 22
4690	148 25	148 27	148 30	148 32	148 35	148 37	148 40	148 42	148 45	148 47
4700	148 50	148 52	148 55	148 57	148 60	148 62	148 65	148 67	148 70	148 72
4710	148 75	148 77	148 80	148 82	148 85	148 87	148 90	148 92	148 95	148 97
4720	149 00	149 02	149 05	149 07	149 10	149 12	149 15	149 17	149 20	149 22
4730	149 25	149 27	149 30	149 32	149 35	149 37	149 40	149 42	149 45	149 47
4740	149 50	149 52	149 55	149 57	149 60	149 62	149 65	149 67	149 70	149 72
4750	149 75	149 77	149 80	149 82	149 85	149 87	149 90	149 92	149 95	149 97
4760	150 00	150 02	150 05	150 07	150 10	150 12	150 15	150 17	150 20	150 22
4770	150 25	150 27	150 30	150 32	150 35	150 37	150 40	150 42	150 45	150 47
4780	150 50	150 52	150 55	150 57	150 60	150 62	150 65	150 67	150 70	150 72
4790	150 75	150 77	150 80	150 82	150 85	150 87	150 90	150 92	150 95	150 97
4800	151 00	151 02	151 05	151 07	151 10	151 12	151 15	151 17	151 20	151 22
4810	151 25	151 27	151 30	151 32	151 35	151 37	151 40	151 42	151 45	151 47
4820	151 50	151 52	151 55	151 57	151 60	151 62	151 65	151 67	151 70	151 72
4830	151 75	151 77	151 80	151 82	151 85	151 87	151 90	151 92	151 95	151 97
4840	152 00	152 02	152 05	152 07	152 10	152 12	152 15	152 17	152 20	152 22
4850	152 25	152 27	152 30	152 32	152 35	152 37	152 40	152 42	152 45	152 47
4860	152 50	152 52	152 55	152 57	152 60	152 62	152 65	152 67	152 70	152 72
4870	152 75	152 77	152 80	152 82	152 85	152 87	152 90	152 92	152 95	152 97
4880	153 00	153 02	153 05	153 07	153 10	153 12	153 15	153 17	153 20	153 22
4890	153 25	153 27	153 30	153 32	153 35	153 37	153 40	153 42	153 45	153 47
4900	153 50	153 52	153 55	153 57	153 60	153 62	153 65	153 67	153 70	153 72
4910	153 75	153 77	153 80	153 82	153 85	153 87	153 90	153 92	153 95	153 97
4920	154 00	154 02	154 05	154 07	154 10	154 12	154 15	154 17	154 20	154 22
4930	154 25	154 27	154 30	154 32	154 35	154 37	154 40	154 42	154 45	154 47
4940	154 50	154 52	154 55	154 57	154 60	154 62	154 65	154 67	154 70	154 72
4950	154 75	154 77	154 80	154 82	154 85	154 87	154 90	154 92	154 95	154 97
4960	155 00	155 02	155 05	155 07	155 10	155 12	155 15	155 17	155 20	155 22
4970	155 25	155 27	155 30	155 32	155 35	155 37	155 40	155 42	155 45	155 47
4980	155 50	155 52	155 55	155 57	155 60	155 62	155 65	155 67	155 70	155 72
4990	155 75	155 77	155 80	155 82	155 85	155 87	155 90	155 92	155 95	155 97

	0	1	2	3	4	5	6	7	8	9
5000	156 00	156 02	156 05	156 07	156 10	156 12	156 15	156 17	156 20	156 22
5010	156 25	156 27	156 30	156 32	156 35	156 37	156 40	156 42	156 45	156 47
5020	156 50	156 52	156 55	156 57	156 60	156 62	156 65	156 67	156 70	156 72
5030	156 75	156 77	156 80	156 82	156 85	156 87	156 90	156 92	156 95	156 97
5040	157 00	157 02	157 05	157 07	157 10	157 12	157 15	157 17	157 20	157 22
5050	157 25	157 27	157 30	157 32	157 35	157 37	157 40	157 42	157 45	157 47
5060	157 50	157 52	157 55	157 57	157 60	157 62	157 65	157 67	157 70	157 72
5070	157 75	157 77	157 80	157 82	157 85	157 87	157 90	157 92	157 95	157 97
5080	158 00	158 02	158 05	158 07	158 10	158 12	158 15	158 17	158 20	158 22
5090	158 25	158 27	158 30	158 32	158 35	158 37	158 40	158 42	158 45	158 47
5100	158 50	158 52	158 55	158 57	158 60	158 62	158 65	158 67	158 70	158 72
5110	158 75	158 77	158 80	158 82	158 85	158 87	158 90	158 92	158 95	158 97
5120	159 00	159 02	159 05	159 07	159 10	159 12	159 15	159 17	159 20	159 22
5130	159 25	159 27	159 30	159 32	159 35	159 37	159 40	159 42	159 45	159 47
5140	159 50	159 52	159 55	159 57	159 60	159 62	159 65	159 67	159 70	159 72
5150	159 75	159 77	159 80	159 82	159 85	159 87	159 90	159 92	159 95	159 97
5160	160 00	160 02	160 05	160 07	160 10	160 12	160 15	160 17	160 20	160 22
5170	160 25	160 27	160 30	160 32	160 35	160 37	160 40	160 42	160 45	160 47
5180	160 50	160 52	160 55	160 57	160 60	160 62	160 65	160 67	160 70	160 72
5190	160 75	160 77	160 80	160 82	160 85	160 87	160 90	160 92	160 95	160 97
5200	161 00	161 02	161 05	161 07	161 10	161 12	161 15	161 17	161 20	161 22
5210	161 25	161 27	161 30	161 32	161 35	161 37	161 40	161 42	161 45	161 47
5220	161 50	161 52	161 55	161 57	161 60	161 62	161 65	161 67	161 70	161 72
5230	161 75	161 77	161 80	161 82	161 85	161 87	161 90	161 92	161 95	161 97
5240	162 00	162 02	162 05	162 07	162 10	162 12	162 15	162 17	162 20	162 22
5250	162 25	162 27	162 30	162 32	162 35	162 37	162 40	162 42	162 45	162 47
5260	162 50	162 52	162 55	162 57	162 60	162 62	162 65	162 67	162 70	162 72
5270	162 75	162 77	162 80	162 82	162 85	162 87	162 90	162 92	162 95	162 97
5280	163 00	163 02	163 05	163 07	163 10	163 12	163 15	163 17	163 20	163 22
5290	163 25	163 27	163 30	163 32	163 35	163 37	163 40	163 42	163 45	163 47
5300	163 50	163 52	163 55	163 57	163 60	163 62	163 65	163 67	163 70	163 72
5310	163 75	163 77	163 80	163 82	163 85	163 87	163 90	163 92	163 95	163 97
5320	164 00	164 02	164 05	164 07	164 10	164 12	164 15	164 17	164 20	164 22
5330	164 25	164 27	164 30	164 32	164 35	164 37	164 40	164 42	164 45	164 47
5340	164 50	164 52	164 55	164 57	164 60	164 62	164 65	164 67	164 70	164 72
5350	164 75	164 77	164 80	164 82	164 85	164 87	164 90	164 92	164 95	164 97
5360	165 00	165 02	165 05	165 07	165 10	165 12	165 15	165 17	165 20	165 22
5370	165 25	165 27	165 30	165 32	165 35	165 37	165 40	165 42	165 45	165 47
5380	165 50	165 52	165 55	165 57	165 60	165 62	165 65	165 67	165 70	165 72
5390	165 75	165 77	165 80	165 82	165 85	165 87	165 90	165 92	165 95	165 97
5400	166 00	166 02	166 05	166 07	166 10	166 12	166 15	166 17	166 20	166 22
5410	166 25	166 27	166 30	166 32	166 35	166 37	166 40	166 42	166 45	166 47
5420	166 50	166 52	166 55	166 57	166 60	166 62	166 65	166 67	166 70	166 72
5430	166 75	166 77	166 80	166 82	166 85	166 87	166 90	166 92	166 95	166 97
5440	167 00	167 02	167 05	167 07	167 10	167 12	167 15	167 17	167 20	167 22
5450	167 25	167 27	167 30	167 32	167 35	167 37	167 40	167 42	167 45	167 47
5460	167 50	167 52	167 55	167 57	167 60	167 62	167 65	167 67	167 70	167 72
5470	167 75	167 77	167 80	167 82	167 85	167 87	167 90	167 92	167 95	167 97
5480	168 00	168 02	168 05	168 07	168 10	168 12	168 15	168 17	168 20	168 22
5490	168 25	168 27	168 30	168 32	168 35	168 37	168 40	168 42	168 45	168 47

	0	1	2	3	4	5	6	7	8	9
5500	168 50	168 52	168 55	168 57	168 60	168 62	168 65	168 67	168 70	168 72
5510	168 75	168 77	168 80	168 82	168 85	168 87	168 90	168 92	168 95	168 97
5520	169 00	169 02	169 05	169 07	169 10	169 12	169 15	169 17	169 20	169 22
5530	169 25	169 27	169 30	169 32	169 35	169 37	169 40	169 42	169 45	169 47
5540	169 50	169 52	169 55	169 57	169 60	169 62	169 65	169 67	169 70	169 72
5550	169 75	169 77	169 80	169 82	169 85	169 87	169 90	169 92	169 95	169 97
5560	170 00	170 02	170 05	170 07	170 10	170 12	170 15	170 17	170 20	170 22
5570	170 25	170 27	170 30	170 32	170 35	170 37	170 40	170 42	170 45	170 47
5580	170 50	170 52	170 55	170 57	170 60	170 62	170 65	170 67	170 70	170 72
5590	170 75	170 77	170 80	170 82	170 85	170 87	170 90	170 92	170 95	170 97
5600	171 00	171 02	171 05	171 07	171 10	171 12	171 15	171 17	171 20	171 22
5610	171 25	171 27	171 30	171 32	171 35	171 37	171 40	171 42	171 45	171 47
5620	171 50	171 52	171 55	171 57	171 60	171 62	171 65	171 67	171 70	171 72
5630	171 75	171 77	171 80	171 82	171 85	171 87	171 90	171 92	171 95	171 97
5640	172 00	172 02	172 05	172 07	172 10	172 12	172 15	172 17	172 20	172 22
5650	172 25	172 27	172 30	172 32	172 35	172 37	172 40	172 42	172 45	172 47
5660	172 50	172 52	172 55	172 57	172 60	172 62	172 65	172 67	172 70	172 72
5670	172 75	172 77	172 80	172 82	172 85	172 87	172 90	172 92	172 95	172 97
5680	173 00	173 02	173 05	173 07	173 10	173 12	173 15	173 17	173 20	173 22
5690	173 25	173 27	173 30	173 32	173 35	173 37	173 40	173 42	173 45	173 47
5700	173 50	173 52	173 55	173 57	173 60	173 62	173 65	173 67	173 70	173 72
5710	173 75	173 77	173 80	173 82	173 85	173 87	173 90	173 92	173 95	173 97
5720	174 00	174 02	174 05	174 07	174 10	174 12	174 15	174 17	174 20	174 22
5730	174 25	174 27	174 30	174 32	174 35	174 37	174 40	174 42	174 45	174 47
5740	174 50	174 52	174 55	174 57	174 60	174 62	174 65	174 67	174 70	174 72
5750	174 75	174 77	174 80	174 82	174 85	174 87	174 90	174 92	174 95	174 97
5760	175 00	175 02	175 05	175 07	175 10	175 12	175 15	175 17	175 20	175 22
5770	175 25	175 27	175 30	175 32	175 35	175 37	175 40	175 42	175 45	175 47
5780	175 50	175 52	175 55	175 57	175 60	175 62	175 65	175 67	175 70	175 72
5790	175 75	175 77	175 80	175 82	175 85	175 87	175 90	175 92	175 95	175 97
5800	176 00	176 02	176 05	176 07	176 10	176 12	176 15	176 17	176 20	176 22
5810	176 25	176 27	176 30	176 32	176 35	176 37	176 40	176 42	176 45	176 47
5820	176 50	176 52	176 55	176 57	176 60	176 62	176 65	176 67	176 70	176 72
5830	176 75	176 77	176 80	176 82	176 85	176 87	176 90	176 92	176 95	176 97
5840	177 00	177 02	177 05	177 07	177 10	177 12	177 15	177 17	177 20	177 22
5850	177 25	177 27	177 30	177 32	177 35	177 37	177 40	177 42	177 45	177 47
5860	177 50	177 52	177 55	177 57	177 60	177 62	177 65	177 67	177 70	177 72
5870	177 75	177 77	177 80	177 82	177 85	177 87	177 90	177 92	177 95	177 97
5880	178 00	178 02	178 05	178 07	178 10	178 12	178 15	178 17	178 20	178 22
5890	178 25	178 27	178 30	178 32	178 35	178 37	178 40	178 42	178 45	178 47
5900	178 50	178 52	178 55	178 57	178 60	178 62	178 65	178 67	178 70	178 72
5910	178 75	178 77	178 80	178 82	178 85	178 87	178 90	178 92	178 95	178 97
5920	179 00	179 02	179 05	179 07	179 10	179 12	179 15	179 17	179 20	179 22
5930	179 25	179 27	179 30	179 32	179 35	179 37	179 40	179 42	179 45	179 47
5940	179 50	179 52	179 55	179 57	179 60	179 62	179 65	179 67	179 70	179 72
5950	179 75	179 77	179 80	179 82	179 85	179 87	179 90	179 92	179 93	179 97
5960	180 00	180 02	180 05	180 07	180 10	180 12	180 15	180 17	180 20	180 22
5970	180 25	180 27	180 30	180 32	180 35	180 37	180 40	180 42	180 45	180 47
5980	180 50	180 52	180 55	180 57	180 60	180 62	180 65	180 67	180 70	180 72
5990	180 75	180 77	180 80	180 82	180 85	180 87	180 90	180 92	180 95	180 97

	0	1	2	3	4	5	6	7	8	9
6000	181 00	181 02	181 05	181 07	181 10	181 12	181 15	181 17	181 20	181 22
6010	181 25	181 27	181 30	181 32	181 35	181 37	181 40	181 42	181 45	181 47
6020	181 50	181 52	181 55	181 57	181 60	181 62	181 65	181 67	181 70	181 72
6030	181 75	181 77	181 80	181 82	181 85	181 87	181 90	181 92	181 95	181 97
6040	182 00	182 02	182 05	182 07	182 10	182 12	182 15	182 17	182 20	182 22
6050	182 25	182 27	182 30	182 32	182 35	182 37	182 40	182 42	182 45	182 47
6060	182 50	182 52	182 55	182 57	182 60	182 62	182 65	182 67	182 70	182 72
6070	182 75	182 77	182 80	182 82	182 85	182 87	182 90	182 92	182 95	182 97
6080	183 00	183 02	183 05	183 07	183 10	183 12	183 15	183 17	183 20	183 22
6090	183 25	183 27	183 30	183 32	183 35	183 37	183 40	183 42	183 45	183 47
6100	183 50	183 52	183 55	183 57	183 60	183 62	183 65	183 67	183 70	183 72
6110	183 75	183 77	183 80	183 82	183 85	183 87	183 90	183 92	183 95	183 97
6120	184 00	184 02	184 05	184 07	184 10	184 12	184 15	184 17	184 20	184 22
6130	184 25	184 27	184 30	184 32	184 35	184 37	184 40	184 42	184 45	184 47
6140	184 50	184 52	184 55	184 57	184 60	184 62	184 65	184 67	184 70	184 72
6150	184 75	184 77	184 80	184 82	184 85	184 87	184 90	184 92	184 95	184 97
6160	185 00	185 02	185 05	185 07	185 10	185 12	185 15	185 17	185 20	185 22
6170	185 25	185 27	185 30	185 32	185 35	185 37	185 40	185 42	185 45	185 47
6180	185 50	185 52	185 55	185 57	185 60	185 62	185 65	185 67	185 70	185 72
6190	185 75	185 77	185 80	185 82	185 85	185 87	185 90	185 92	185 95	185 97
6200	186 00	186 02	186 05	186 07	186 10	186 12	186 15	186 17	186 20	186 22
6210	186 25	186 27	186 30	186 32	186 35	186 37	186 40	186 42	186 45	186 47
6220	186 50	186 52	186 55	186 57	186 60	186 62	186 65	186 67	186 70	186 72
6230	186 75	186 77	186 80	186 82	186 85	186 87	186 90	186 92	186 95	186 97
6240	187 00	187 02	187 05	187 07	187 10	187 12	187 15	187 17	187 20	187 22
6250	187 25	187 27	187 30	187 32	187 35	187 37	187 40	187 42	187 45	187 47
6260	187 50	187 52	187 55	187 57	187 60	187 62	187 65	187 67	187 70	187 72
6270	187 75	187 77	187 80	187 82	187 85	187 87	187 90	187 92	187 95	187 97
6280	188 00	188 02	188 05	188 07	188 10	188 12	188 15	188 17	188 20	188 22
6290	188 25	188 27	188 30	188 32	188 35	188 37	188 40	188 42	188 45	188 47
6300	188 50	188 52	188 55	188 57	188 60	188 62	188 65	188 67	188 70	188 72
6310	188 75	188 77	188 80	188 82	188 85	188 87	188 90	188 92	188 95	188 97
6320	189 00	189 02	189 05	189 07	189 10	189 12	189 15	189 17	189 20	189 22
6330	189 25	189 27	189 30	189 32	189 35	189 37	189 40	189 42	189 45	189 47
6340	189 50	189 52	189 55	189 57	189 60	189 62	189 65	189 67	189 70	189 72
6350	189 75	189 77	189 80	189 82	189 85	189 87	189 90	189 92	189 95	189 97
6360	190 00	190 02	190 05	190 07	190 10	190 12	190 15	190 17	190 20	190 22
6370	190 25	190 27	190 30	190 32	190 35	190 37	190 40	190 42	190 45	190 47
6380	190 50	190 52	190 55	190 57	190 60	190 62	190 65	190 67	190 70	190 72
6390	190 75	190 77	190 80	190 82	190 85	190 87	190 90	190 92	190 95	190 97
6400	191 00	191 02	191 05	191 07	191 10	191 12	191 15	191 17	191 20	191 22
6410	191 25	191 27	191 30	191 32	191 35	191 37	191 40	191 42	191 45	191 47
6420	191 50	191 52	191 55	191 57	191 60	191 62	191 65	191 67	191 70	191 72
6430	191 75	191 77	191 80	191 82	191 85	191 87	191 90	191 92	191 95	191 97
6440	192 00	192 02	192 05	192 07	192 10	192 12	192 15	192 17	192 20	192 22
6450	192 25	192 27	192 30	192 32	192 35	192 37	192 40	192 42	192 45	192 47
6460	192 50	192 52	192 55	192 57	192 60	192 62	192 65	192 67	192 70	192 72
6470	192 75	192 77	192 80	192 82	192 85	192 87	192 90	192 92	192 95	192 97
6480	193 00	193 02	193 05	193 07	193 10	193 12	193 15	193 17	193 20	193 22
6490	193 25	193 27	193 30	193 32	193 35	193 37	193 40	193 42	193 45	193 47

	0	1	2	3	4	5	6	7	8	9
6500	193 50	193 52	193 55	193 57	193 60	193 62	193 65	193 67	193 70	193 72
6510	193 75	193 77	193 80	193 82	193 85	193 87	193 90	193 92	193 95	193 97
6520	194 00	194 02	194 05	194 07	194 10	194 12	194 15	194 17	194 20	194 22
6530	194 25	194 27	194 30	194 32	194 35	194 37	194 40	194 42	194 45	194 47
6540	194 50	194 52	194 55	194 57	194 60	194 62	194 65	194 67	194 70	194 72
6550	194 75	194 77	194 80	194 82	194 85	194 87	194 90	194 92	194 95	194 97
6560	195 00	195 02	195 05	195 07	195 10	195 12	195 15	195 17	195 20	195 22
6570	195 25	195 27	195 30	195 32	195 35	195 37	195 40	195 42	195 45	95 47
6580	195 50	195 52	195 55	195 57	195 60	195 62	195 65	195 67	195 70	195 72
6590	195 75	195 77	195 80	195 82	195 85	195 87	195 90	195 92	195 95	195 97
6600	196 00	196 02	196 05	196 07	196 10	196 12	196 15	196 17	196 20	196 22
6610	196 25	196 27	196 30	196 32	196 35	196 37	196 40	196 42	196 45	196 47
6620	196 50	196 52	196 55	196 57	196 60	196 62	196 65	196 67	196 70	196 72
6630	196 75	196 77	196 80	196 82	196 85	196 87	196 90	196 92	196 95	196 97
6640	197 00	197 02	197 05	197 07	197 10	197 12	197 15	197 17	197 20	197 22
6650	197 25	197 27	197 30	197 32	197 35	197 37	197 40	197 42	197 45	197 47
6660	197 50	197 52	197 55	197 57	197 60	197 62	197 65	197 67	197 70	197 72
6670	197 75	197 77	197 80	197 82	197 85	197 87	197 90	197 92	197 95	197 97
6680	198 00	198 02	198 05	198 07	198 10	198 12	198 15	198 17	198 20	198 22
6690	198 25	198 27	198 30	198 32	198 35	198 37	198 40	198 42	198 45	198 47
6700	198 50	198 52	198 55	198 57	198 60	198 62	198 65	198 67	198 70	198 72
6710	198 75	198 77	198 80	198 82	198 85	198 87	198 90	198 92	198 95	198 97
6720	199 00	199 02	199 05	199 07	199 10	199 12	199 15	199 17	199 20	199 22
6730	199 25	199 27	199 30	199 32	199 35	199 37	199 40	199 42	199 45	199 47
6740	199 50	199 52	199 55	199 57	199 60	199 62	199 65	199 67	199 70	199 72
6750	199 75	199 77	199 80	199 82	199 85	199 87	199 90	199 92	199 95	199 97
6760	200 00	200 02	200 05	200 07	200 10	200 12	200 15	200 17	200 20	200 22
6770	200 25	200 27	200 30	200 32	200 35	200 37	200 40	200 42	200 45	200 47
6780	200 50	200 52	200 55	200 57	200 60	200 62	200 65	200 67	200 70	200 72
6790	200 75	200 77	200 80	200 82	200 85	200 87	200 90	200 92	200 95	200 97
6800	201 00	201 02	201 05	201 07	201 10	201 12	201 15	201 17	201 20	201 22
6810	201 25	201 27	201 30	201 32	201 35	201 37	201 40	201 42	201 45	201 47
6820	201 50	201 52	201 55	201 57	201 60	201 62	201 65	201 67	201 70	201 72
6830	201 75	201 77	201 80	201 82	201 85	201 87	201 90	201 92	201 95	201 97
6840	202 00	202 02	202 05	202 07	202 10	202 12	202 15	202 17	202 20	202 22
6850	202 25	202 27	202 30	202 32	202 35	202 37	202 40	202 42	202 45	202 47
6860	202 50	202 52	202 55	202 57	202 60	202 62	202 65	202 67	202 70	202 72
6870	202 75	202 77	202 80	202 82	202 85	202 87	202 90	202 92	202 95	202 97
6880	203 00	203 02	203 05	203 07	203 10	203 12	203 15	203 17	203 20	203 22
6890	203 25	203 27	203 30	203 32	203 35	203 37	203 40	203 42	203 45	203 47
6900	203 50	203 52	203 55	203 57	203 60	203 62	203 65	203 67	203 70	203 72
6910	203 75	203 77	203 80	203 82	203 85	203 87	203 90	203 92	203 95	203 97
6920	204 00	204 02	204 05	204 07	204 10	204 12	204 15	204 17	204 20	204 22
6930	204 25	204 27	204 30	204 32	204 35	204 37	204 40	204 42	204 45	204 47
6940	204 50	204 52	204 55	204 57	204 60	204 62	204 65	204 67	204 70	204 72
6950	204 75	204 77	204 80	204 82	204 85	204 87	204 90	204 92	204 95	204 97
6960	205 00	205 02	205 05	205 07	205 10	205 12	205 15	205 17	205 20	205 22
6970	205 25	205 27	205 30	205 32	205 35	205 37	205 40	205 42	205 45	205 47
6980	205 50	205 52	205 55	205 57	205 60	205 62	205 65	205 67	205 70	205 72
6990	205 75	205 77	205 80	205 82	205 85	205 87	205 90	205 92	205 95	205 79

	0	1	2	3	4	5	6	7	8	9
7000	206 00	206 02	206 05	206 07	206 10	206 12	206 15	206 17	206 20	206 22
7010	206 25	206 27	206 30	206 32	206 35	206 37	206 40	206 42	206 45	206 47
7020	206 50	206 52	206 55	206 57	206 60	206 62	206 65	206 67	206 70	206 72
7030	206 75	206 77	206 80	206 82	206 85	206 87	206 90	206 92	206 95	206 97
7040	207 00	207 02	207 05	207 07	207 10	207 12	207 15	207 17	207 20	207 22
7050	207 25	207 27	207 30	207 32	207 35	207 37	207 40	207 42	207 45	207 47
7060	207 50	207 52	207 55	207 57	207 60	207 62	207 65	207 67	207 70	207 72
7070	207 75	207 77	207 80	207 82	207 85	207 87	207 90	207 92	207 95	207 97
7080	208 00	208 02	208 05	208 07	208 10	208 12	208 15	208 17	208 20	208 22
7090	208 25	208 27	208 30	208 32	208 35	208 37	208 40	208 42	208 45	208 47
7100	208 50	208 52	208 55	208 57	208 60	208 62	208 65	208 67	208 70	208 72
7110	208 75	208 77	208 80	208 82	208 85	208 87	208 90	208 92	208 95	208 97
7120	209 00	209 02	209 05	209 07	209 10	209 12	209 15	209 17	209 20	209 22
7130	209 25	209 27	209 30	209 32	209 35	209 37	209 40	209 42	209 45	209 47
7140	209 50	209 52	209 55	209 57	209 60	209 62	209 65	209 67	209 70	209 72
7150	209 75	209 77	209 80	209 82	209 85	209 87	209 90	209 92	209 95	209 97
7160	210 00	210 02	210 05	210 07	210 10	210 12	210 15	210 17	210 20	210 22
7170	210 25	210 27	210 30	210 32	210 35	210 37	210 40	210 42	210 45	210 47
7180	210 50	210 52	210 55	210 57	210 60	210 62	210 65	210 67	210 70	210 72
7190	210 75	210 77	210 80	210 82	210 85	210 87	210 90	210 92	210 95	210 97
7200	211 00	211 02	211 05	211 07	211 10	211 12	211 15	211 17	211 20	211 22
7210	211 25	211 27	211 30	211 32	211 35	211 37	211 40	211 42	211 45	211 47
7220	211 50	211 52	211 55	211 57	211 60	211 62	211 65	211 67	211 70	211 72
7230	211 75	211 77	211 80	211 82	211 85	211 87	211 90	211 92	211 95	211 97
7240	212 00	212 02	212 05	212 07	212 10	212 12	212 15	212 17	212 20	212 22
7250	212 25	212 27	212 30	212 32	212 35	212 37	112 40	212 42	212 45	212 47
7260	212 50	212 52	212 55	212 57	212 60	212 62	212 65	212 67	212 70	212 72
7270	212 75	212 77	212 80	212 82	212 85	212 87	212 90	212 92	212 95	212 97
7280	213 00	213 02	213 05	213 07	213 10	213 12	213 15	213 17	213 20	213 22
7290	213 25	213 27	213 30	213 32	213 35	213 37	213 40	213 42	213 45	213 47
7300	213 50	213 52	213 55	213 57	213 60	213 62	213 65	213 67	213 70	213 72
7310	213 75	213 77	213 80	213 82	213 85	213 87	213 90	213 92	213 95	213 97
7320	214 00	214 02	214 05	214 07	214 10	214 12	214 15	214 17	214 20	214 22
7330	214 25	214 27	214 30	214 32	214 35	214 37	214 40	214 42	214 45	214 47
7340	214 50	214 52	214 55	114 57	214 60	214 62	214 65	214 67	214 70	214 72
7350	214 75	214 77	214 80	214 82	214 85	214 87	214 90	214 92	214 95	214 97
7360	215 00	215 02	215 05	215 07	215 10	215 12	215 15	215 17	215 20	215 22
7370	215 25	215 27	215 30	215 32	215 35	215 37	215 40	215 42	215 45	215 47
7380	215 50	215 52	215 55	215 57	215 60	215 62	215 65	215 67	215 70	215 72
7390	215 75	215 77	215 80	215 82	215 85	215 87	215 90	215 92	215 95	215 97
7400	216 00	216 02	216 05	216 07	216 10	216 12	216 15	216 17	216 20	216 22
7410	216 25	216 27	216 30	216 32	216 35	216 37	216 40	216 42	216 45	216 47
7420	216 50	216 52	216 55	216 57	216 60	216 62	216 65	216 67	216 70	216 72
7430	216 75	216 77	216 80	216 82	216 85	216 87	216 90	216 92	216 95	216 97
7440	217 00	217 02	217 05	217 07	217 10	217 12	217 15	217 17	217 20	217 22
7450	217 25	217 27	217 30	217 32	217 35	217 37	217 40	217 42	217 45	217 47
7460	217 50	217 52	217 55	217 57	217 60	217 62	217 65	217 67	217 70	217 72
7470	217 75	217 77	217 80	217 82	217 85	217 87	217 90	217 92	217 95	217 97
7480	218 00	218 02	218 05	218 07	218 10	218 12	218 15	218 17	218 20	218 22
7490	218 25	218 27	218 30	218 32	218 35	218 37	218 40	218 42	218 45	218 47

	0	1	2	3	4	5	6	7	8	9
7500	218 50	218 52	218 55	218 57	218 60	218 62	218 65	218 67	218 70	218 72
7510	218 75	218 77	218 80	218 82	218 85	218 87	218 90	218 92	218 95	218 97
7520	219 00	219 02	219 05	219 07	219 10	219 12	219 15	219 17	219 20	219 22
7530	219 25	219 27	219 30	219 32	219 35	219 37	219 40	219 42	219 45	219 47
7540	219 50	219 52	219 55	219 57	219 60	219 62	219 65	219 67	219 70	219 72
7550	219 75	219 77	219 80	219 82	219 85	219 87	219 90	219 92	219 95	219 97
7560	220 00	220 02	220 05	220 07	220 10	220 12	220 15	220 17	220 20	220 22
7570	220 25	220 27	220 30	220 32	220 35	220 37	220 40	220 42	220 45	220 47
7580	220 50	220 52	220 55	220 57	220 60	220 62	220 65	220 67	220 70	220 72
7590	220 75	220 77	220 80	220 82	220 85	220 87	220 90	220 92	220 95	220 97
7600	221 00	221 02	221 05	221 07	221 10	221 12	221 15	221 17	221 20	221 22
7610	221 25	221 27	221 30	221 32	221 35	221 37	221 40	221 42	221 45	221 47
7620	221 50	221 52	221 55	221 57	221 60	221 62	221 65	221 67	221 70	221 72
7630	221 75	221 77	221 80	221 82	221 85	221 87	221 90	221 92	221 95	221 97
7640	222 00	222 02	222 05	222 07	222 10	222 12	222 15	222 17	222 20	222 22
7650	222 25	222 27	222 30	222 32	222 35	222 37	222 40	222 42	222 45	222 47
7660	222 50	222 52	222 55	222 57	222 60	222 62	222 65	222 67	222 70	222 72
7670	222 75	222 77	222 80	222 82	222 85	222 87	222 90	222 92	222 95	222 97
7680	223 00	223 02	223 05	223 07	223 10	223 12	223 15	223 17	223 20	223 22
7690	223 25	223 27	223 30	223 32	223 35	223 37	223 40	223 42	223 45	223 47
7700	223 50	223 52	223 55	223 57	223 60	223 62	223 65	223 67	223 70	223 72
7710	223 75	223 77	223 80	223 82	223 85	223 87	223 90	223 92	223 95	223 97
7720	224 00	224 02	224 05	224 07	224 10	224 12	224 15	224 17	224 20	224 22
7730	224 25	224 27	224 30	224 32	224 35	224 37	224 40	224 42	224 45	224 47
7740	224 50	224 52	224 55	224 57	224 60	224 62	224 65	224 67	224 70	224 72
7750	224 75	224 77	224 80	224 82	224 85	224 87	224 90	224 92	224 95	224 97
7760	225 00	225 02	225 05	225 07	225 10	225 12	225 15	225 17	225 20	225 22
7770	225 25	225 27	225 30	225 32	225 35	225 37	225 40	225 42	225 45	225 47
7780	225 50	225 52	225 55	225 57	225 60	225 62	225 65	225 67	225 70	225 72
7790	225 75	225 77	225 80	225 82	225 85	225 87	225 90	225 92	225 95	225 97
7800	226 00	226 02	226 05	226 07	226 10	226 12	226 15	226 17	226 20	226 22
7810	226 25	226 27	226 30	226 32	226 35	226 37	226 40	226 42	226 45	226 47
7820	226 50	226 52	226 55	226 57	226 60	226 62	226 65	226 67	226 70	226 72
7830	226 75	226 77	226 80	226 82	226 85	226 87	226 90	226 92	226 95	226 97
7840	227 00	227 02	227 05	227 07	227 10	227 12	227 15	227 17	227 20	227 22
7850	227 25	227 27	227 30	227 32	227 35	227 37	227 40	227 42	227 45	227 47
7860	227 50	227 52	227 55	227 57	227 60	227 62	227 65	227 67	227 70	227 72
7870	227 75	227 77	227 80	227 82	227 85	227 87	227 90	227 92	227 95	227 97
7880	228 00	228 02	228 05	228 07	228 10	228 12	228 15	228 17	228 20	228 22
7890	228 25	228 27	228 30	228 32	228 35	228 37	228 40	228 42	228 45	228 47
7900	228 50	228 52	228 55	228 57	228 60	228 62	228 65	228 67	228 70	228 72
7910	228 75	228 77	228 80	228 82	228 85	228 87	228 90	228 92	228 95	228 97
7920	229 00	229 02	229 05	229 07	229 10	229 12	229 15	229 17	229 20	229 22
7930	229 25	229 27	229 30	229 32	229 35	229 37	229 40	229 42	229 45	229 47
7940	229 50	229 52	229 55	229 57	229 60	229 62	229 65	229 67	229 70	229 72
7950	229 75	229 77	229 80	229 82	229 85	229 87	229 90	229 92	229 95	229 97
7960	230 00	230 02	230 05	230 07	230 10	230 12	230 15	230 17	230 20	230 22
7970	230 25	230 27	230 30	230 32	230 35	230 37	230 40	230 42	230 45	230 47
7980	230 50	230 52	230 55	230 57	230 60	230 62	230 65	230 67	230 70	230 72
7990	230 75	230 77	230 80	230 82	230 85	230 87	230 90	230 92	230 95	230 97

	0	1	2	3	4	5	6	7	8	9
8000	231 00	231 02	231 05	231 07	231 10	231 12	231 15	231 17	231 20	231 22
8010	231 25	231 27	231 30	231 32	231 35	231 37	231 40	231 42	231 45	231 47
8020	231 50	231 52	231 55	231 57	231 60	231 62	231 65	231 67	231 70	231 72
8030	231 75	231 77	231 80	231 82	231 85	231 87	231 90	231 92	231 95	231 97
8040	232 00	232 02	232 05	232 07	232 10	232 12	232 15	232 17	232 20	232 22
8050	232 25	232 27	232 30	232 32	232 35	232 37	232 40	232 42	232 45	232 47
8060	232 50	232 52	232 55	232 57	232 60	232 62	232 65	232 67	232 70	232 72
8070	232 75	232 77	232 80	232 82	232 85	232 87	232 90	232 92	232 95	232 97
8080	233 00	233 02	233 05	233 07	233 10	233 12	233 15	233 17	233 20	233 22
8090	233 25	233 27	233 30	233 32	233 35	233 37	233 40	233 42	233 45	233 47
8100	233 50	233 52	233 55	233 57	233 60	233 62	233 65	233 67	233 70	233 72
8110	233 75	233 77	233 80	233 82	233 85	233 87	233 90	233 92	233 95	233 97
8120	234 00	234 02	234 05	234 07	234 10	234 12	234 15	234 17	234 20	234 22
8130	234 25	234 27	234 30	234 32	234 35	234 37	234 40	234 42	234 45	234 47
8140	234 50	234 52	234 55	234 57	234 60	234 62	234 65	234 67	234 70	234 72
8150	234 75	234 77	234 80	234 82	234 85	234 87	234 90	234 92	234 95	234 97
8160	235 00	235 02	235 05	235 07	235 10	235 12	235 15	235 17	235 20	235 22
8170	235 25	235 27	235 30	235 32	235 35	235 37	235 40	235 42	235 45	235 47
8180	235 50	235 52	235 55	235 57	235 60	235 62	235 65	235 67	235 70	235 72
8190	235 75	235 77	235 80	235 82	235 85	235 87	235 90	235 92	235 95	235 97
8200	236 00	236 02	236 05	236 07	236 10	236 12	236 15	236 17	236 20	236 22
8210	236 25	236 27	236 30	236 32	236 35	236 37	236 40	236 42	236 45	236 47
8220	236 50	236 52	236 55	236 57	236 60	236 62	236 65	236 67	236 70	236 72
8230	236 75	236 77	236 80	236 82	236 85	236 87	236 90	236 92	236 95	236 97
8240	237 00	237 02	237 05	237 07	237 10	237 12	237 15	237 17	237 20	237 22
8250	237 25	237 27	237 30	237 32	237 35	237 37	237 40	237 42	237 45	237 47
8260	237 50	237 52	237 55	237 57	237 60	237 62	237 65	237 67	237 70	237 72
8270	237 75	237 77	237 80	237 82	237 85	237 87	237 90	237 92	237 95	237 97
8280	238 00	238 02	238 05	238 07	238 10	238 12	238 15	238 17	238 20	238 22
8290	238 25	238 27	238 30	238 32	238 35	238 37	238 40	238 42	238 45	238 47
8300	238 50	238 52	238 55	238 57	238 60	238 62	238 65	238 67	238 70	238 72
8310	238 75	238 77	238 80	238 82	238 85	238 87	238 90	238 92	238 95	238 97
8320	239 00	239 02	239 05	239 07	239 10	239 12	239 15	239 17	239 20	239 22
8330	239 25	239 27	239 30	239 32	239 35	239 37	239 40	239 42	239 45	239 47
8340	239 50	239 52	239 55	239 57	239 60	239 62	239 65	239 67	239 70	239 72
8350	239 75	239 77	239 80	239 82	239 85	239 87	239 90	239 92	239 95	239 97
8360	240 00	240 02	240 05	240 07	240 10	240 12	240 15	240 17	240 20	240 22
8370	240 25	240 27	240 30	240 32	240 35	240 37	240 40	240 42	240 45	240 47
8380	240 50	240 52	240 55	240 57	240 60	240 62	240 65	240 67	240 70	240 72
8390	240 75	240 77	240 80	240 82	240 85	240 87	240 90	240 92	240 95	240 97
8400	241 00	241 02	241 05	241 07	241 10	241 12	241 15	241 17	241 20	241 22
8410	241 25	241 27	241 30	241 32	241 35	241 37	241 40	241 42	241 45	241 47
8420	241 50	241 52	241 55	241 57	241 60	241 62	241 65	241 67	241 70	241 72
8430	241 75	241 77	241 80	241 82	241 85	241 87	241 90	241 92	241 95	241 97
8440	242 00	242 02	242 05	242 07	242 10	242 12	242 15	242 17	242 20	242 22
8450	242 25	242 27	242 30	242 32	242 35	242 37	242 40	242 42	242 45	242 47
8460	242 50	242 52	242 55	242 57	242 60	242 62	242 65	242 67	242 70	242 72
8470	242 75	242 77	242 80	242 82	242 85	242 87	242 90	242 92	242 95	242 97
8480	243 00	243 02	243 05	243 07	243 10	243 12	243 15	243 17	243 20	243 22
8490	243 25	243 27	243 30	243 32	243 35	243 37	243 40	243 42	243 45	243 47

	0	1	2	3	4	5	6	7	8	9
8500	243 50	243 52	243 55	243 57	243 60	243 62	243 65	243 67	243 70	243 72
8510	243 75	243 77	243 80	243 82	243 85	243 87	243 90	243 92	243 95	243 97
8520	244 00	244 02	244 05	244 07	244 10	244 12	244 15	244 17	244 20	244 72
8530	244 25	244 27	244 30	244 32	244 35	244 37	244 40	244 42	244 45	244 47
8540	244 50	244 52	244 55	244 57	244 60	244 62	244 65	244 67	244 70	244 72
8550	244 75	244 77	244 80	244 82	244 85	244 87	244 90	244 92	244 95	244 97
8560	245 00	245 02	245 05	245 07	245 10	245 12	245 15	245 17	245 20	245 22
8570	245 25	245 27	245 30	245 32	245 35	245 37	245 40	245 42	245 45	245 47
8580	245 50	245 52	245 55	245 57	245 60	245 62	245 65	245 67	245 70	245 72
8590	245 75	245 77	245 80	245 82	245 85	245 87	245 90	245 92	245 95	245 97
8600	246 00	246 02	246 05	246 07	246 10	246 12	246 15	246 17	246 20	246 22
8610	246 25	246 27	246 30	246 32	246 35	246 37	246 40	246 42	246 45	246 47
8620	246 50	246 52	246 55	246 57	246 60	246 62	246 65	246 67	246 70	246 72
8630	246 75	246 77	246 80	246 82	246 85	246 87	246 90	246 92	246 95	246 97
8640	247 00	247 02	247 05	247 07	247 10	247 12	247 15	247 17	247 20	247 22
8650	247 25	247 27	247 30	247 32	247 35	247 37	247 40	247 42	247 45	247 47
8660	247 50	247 52	247 55	247 57	247 60	247 62	247 65	247 67	247 70	247 72
8670	247 75	247 77	247 80	247 82	247 85	247 87	247 90	247 92	247 95	247 97
8680	248 00	248 02	248 05	248 07	248 10	248 12	248 15	248 17	248 20	248 22
8690	248 25	248 27	248 30	248 32	248 35	248 37	248 40	248 42	248 45	248 47
8700	248 50	248 52	248 55	248 57	248 60	248 62	248 65	248 67	248 70	248 72
8710	248 75	248 77	248 80	248 82	248 85	248 87	248 90	248 92	248 95	248 97
8720	249 00	249 02	249 05	249 07	249 10	249 12	249 15	249 17	249 20	249 22
8730	249 25	249 27	249 30	249 32	249 35	249 37	249 40	249 42	249 45	249 47
8740	249 50	249 52	249 55	249 57	249 60	249 62	249 65	249 67	249 70	249 72
8750	249 75	249 77	249 80	249 82	249 85	249 87	249 90	249 92	249 95	249 97
8760	250 00	250 02	250 05	250 07	250 10	250 12	250 15	250 17	250 20	250 22
8770	250 25	250 27	250 30	250 32	250 35	250 37	250 40	250 42	250 45	250 47
8780	250 50	250 52	250 55	250 57	250 60	250 62	250 65	250 67	250 70	250 72
8790	250 75	250 77	250 80	250 82	250 85	250 87	250 90	250 92	250 95	250 97
8800	251 00	251 02	251 05	251 07	251 10	251 12	251 15	251 17	251 20	251 22
8810	251 25	251 27	251 30	251 32	251 35	251 37	251 40	251 42	251 45	251 47
8820	251 50	251 52	251 55	251 57	251 60	251 62	251 65	251 67	251 70	251 72
8830	251 75	251 77	251 80	251 82	251 85	251 87	251 90	251 92	251 95	251 97
8840	252 00	252 02	252 05	252 07	252 10	252 12	252 15	252 17	252 20	252 22
8850	252 25	252 27	252 30	252 32	252 35	252 37	252 40	252 42	252 45	252 47
8860	252 50	252 52	252 55	252 57	252 60	252 62	252 65	252 67	252 70	252 72
8870	252 75	252 77	252 80	252 82	252 85	252 87	252 90	252 92	252 95	252 97
8880	253 00	253 02	253 05	253 07	253 10	253 12	253 15	253 17	253 20	253 22
8890	253 25	253 27	253 30	253 32	253 35	253 37	253 40	253 42	253 45	253 47
8900	253 50	253 52	253 55	253 57	253 60	253 62	253 65	253 67	253 70	253 72
8910	253 75	253 77	253 80	253 82	253 85	253 87	253 90	253 92	253 95	253 97
8920	254 00	254 02	254 05	254 07	254 10	254 12	254 15	254 17	254 20	254 22
8930	254 25	254 27	254 30	254 32	254 35	254 37	254 40	254 42	254 45	254 47
8940	254 50	254 52	254 55	254 57	254 60	254 62	254 65	254 67	254 70	254 72
8950	254 75	254 77	254 80	254 82	254 85	254 87	254 90	254 92	254 95	254 97
8960	255 00	255 02	255 05	255 07	255 10	255 12	255 15	255 17	255 20	255 22
8970	255 25	255 27	255 30	255 32	255 35	255 37	255 40	255 42	255 45	255 47
8980	255 50	255 52	255 55	255 57	255 60	255 62	255 65	255 67	255 70	255 72
8990	255 75	255 77	255 80	255 82	255 85	255 87	255 90	255 92	255 95	255 97

	0	1	2	3	4	5	6	7	8	9
9000	256 00	256 02	256 05	256 07	256 10	256 12	256 15	256 17	256 20	256 22
9010	256 25	256 27	256 30	256 32	256 35	256 37	256 40	256 42	256 45	256 47
9020	256 50	256 52	256 55	256 57	256 60	256 62	256 65	256 67	256 70	256 72
9030	256 75	256 77	256 80	256 82	256 85	256 87	256 90	256 92	256 95	256 97
9040	257 00	257 02	257 05	257 07	257 10	257 12	257 15	257 17	257 20	257 22
9050	257 25	257 27	257 30	257 32	257 35	257 37	257 40	257 42	257 45	257 47
9060	257 50	257 52	257 55	257 57	257 60	257 62	257 65	257 67	257 70	257 72
9070	257 75	257 77	257 80	257 82	257 85	257 87	257 90	257 92	257 95	257 97
9080	258 00	258 02	258 05	258 07	258 10	258 12	258 15	258 17	258 20	258 22
9090	258 25	258 27	258 30	258 32	258 35	258 37	258 40	258 42	258 45	258 47
9100	258 50	258 52	258 55	258 57	258 60	258 62	258 65	258 67	258 70	258 72
9110	258 75	258 77	258 80	258 82	258 85	258 87	258 90	258 92	258 95	258 97
9120	259 00	259 02	259 05	259 07	259 10	259 12	259 15	259 17	259 20	259 22
9130	259 25	259 27	259 30	259 32	259 35	259 37	259 40	259 42	259 45	259 47
9140	259 50	259 52	259 55	259 57	259 60	259 62	259 65	259 67	259 70	259 72
9150	259 75	259 77	259 80	259 82	259 85	259 87	259 90	259 92	259 95	259 97
9160	260 00	260 02	260 05	260 07	260 10	260 12	260 15	260 17	260 20	260 22
9170	260 25	260 27	260 30	260 32	260 35	260 37	260 40	260 42	260 45	260 47
9180	260 50	260 52	260 55	260 57	260 60	260 62	260 65	260 67	260 70	260 72
9190	260 75	260 77	260 80	260 82	260 85	260 87	260 90	260 92	260 95	260 97
9200	261 00	261 02	261 05	261 07	261 10	261 12	261 15	261 17	261 20	261 22
9210	261 25	261 27	261 30	261 32	261 35	261 37	261 40	261 42	261 45	261 47
9220	261 50	261 52	261 55	261 57	261 60	261 62	261 65	261 67	261 70	261 72
9230	261 75	261 77	261 80	261 82	261 85	261 87	261 90	261 92	261 95	261 97
9240	262 00	262 02	262 05	262 07	262 10	262 12	262 15	262 17	262 20	262 22
9250	262 25	262 27	262 30	262 32	262 35	262 37	262 40	262 42	262 45	262 47
9260	262 50	262 52	262 55	262 57	262 60	262 62	262 65	262 67	262 70	262 72
9270	262 75	262 77	262 80	262 82	262 85	262 87	262 90	262 92	262 95	262 97
9280	263 00	263 02	263 05	263 07	263 10	263 12	263 15	263 17	263 20	263 22
9290	263 25	263 27	263 30	263 32	263 35	263 37	263 40	263 42	263 45	263 47
9300	263 50	263 52	263 55	263 57	263 60	263 62	263 65	263 67	263 70	263 72
9310	263 75	263 77	263 80	263 82	263 85	263 87	263 90	263 92	263 95	263 97
9320	264 00	264 02	264 05	264 07	264 10	264 12	264 15	264 17	264 20	264 22
9330	264 25	264 27	264 30	264 32	264 35	264 37	264 40	264 42	264 45	264 47
9340	264 50	264 52	264 55	164 57	264 60	264 62	264 65	264 67	264 70	264 72
9350	264 75	264 77	264 80	264 82	264 85	264 87	264 90	264 92	264 95	264 97
9360	265 00	265 02	265 05	265 07	265 10	265 12	265 15	265 17	265 20	265 22
9370	265 25	265 27	265 30	265 32	265 35	265 37	265 40	265 42	265 45	265 47
9380	265 50	265 52	265 55	265 57	265 60	265 62	265 65	265 67	265 70	265 72
9390	265 75	265 77	265 80	265 82	265 85	265 87	265 90	265 92	265 95	265 97
9400	266 00	266 02	266 05	266 07	266 10	266 12	266 15	266 17	266 20	266 22
9410	266 25	296 27	266 30	266 32	266 35	266 37	266 40	266 42	266 45	266 47
9420	266 50	266 52	266 55	266 57	266 60	266 62	266 65	266 67	266 70	266 72
9430	266 75	266 77	266 80	266 82	266 85	266 87	266 90	266 92	266 95	266 97
9440	267 00	267 02	267 05	267 07	267 10	267 12	267 15	267 17	267 20	267 22
9450	267 25	267 27	267 30	267 32	267 35	267 37	267 40	267 42	267 45	267 47
9460	267 50	267 52	267 55	267 57	267 60	267 62	267 65	267 67	267 70	267 72
9470	267 75	267 77	267 80	267 82	267 85	267 87	267 90	267 92	267 95	267 97
9480	268 00	268 02	268 05	268 07	268 10	268 12	268 15	268 17	268 20	268 22
9490	268 25	268 27	268 30	268 32	268 35	268 37	268 40	268 42	268 45	268 47

	0	1	2	3	4	5	6	7	8	9
9500	268 50	268 52	268 55	268 57	268 60	268 62	268 65	268 67	268 70	268 72
9510	268 75	268 77	268 80	268 82	268 85	268 87	268 90	268 92	268 95	268 97
9520	269 00	269 02	269 05	269 07	269 10	269 12	269 15	269 17	269 20	269 22
9530	269 25	269 27	269 30	269 32	269 35	269 37	269 40	269 42	269 45	269 47
9540	269 50	269 52	269 55	269 57	269 60	269 62	269 65	269 67	269 70	269 72
9550	269 75	269 77	269 80	269 82	269 85	269 87	269 90	269 92	269 95	269 97
9560	270 00	270 02	270 05	270 07	270 10	270 12	270 15	270 17	270 20	270 22
9570	270 25	270 27	270 30	270 32	270 35	270 37	270 40	270 42	270 45	270 47
9580	270 50	270 52	270 55	270 57	270 60	270 62	270 65	270 67	270 70	270 72
9590	270 75	270 77	270 80	270 82	270 85	270 87	270 90	270 92	270 95	270 97
9600	271 00	271 02	271 05	271 07	271 10	271 12	271 15	271 17	271 20	271 22
9610	271 25	271 27	271 30	271 32	271 35	271 37	271 40	271 42	271 45	271 47
9620	271 50	271 52	271 55	271 57	271 60	271 62	271 65	271 67	271 70	271 72
9630	271 75	271 77	271 80	271 82	271 85	271 87	271 90	271 92	271 95	271 97
9640	272 00	272 02	272 05	272 07	272 10	272 12	272 15	272 17	272 20	272 22
9650	272 25	272 27	272 30	272 32	272 35	272 37	272 40	272 42	272 45	272 47
9660	272 50	272 52	272 55	272 57	272 60	272 62	272 65	272 67	272 70	272 72
9670	272 75	272 77	272 80	272 82	272 85	272 87	272 90	272 92	272 95	272 97
9680	273 00	273 02	273 05	273 07	273 10	273 12	273 15	273 17	273 20	273 22
9690	273 25	273 27	273 30	273 32	273 35	273 37	273 40	273 42	273 45	273 47
9700	273 50	273 52	273 55	273 57	273 60	273 62	273 65	273 67	273 70	273 72
9710	273 75	273 77	273 80	273 82	273 85	273 87	273 90	273 92	273 95	273 97
9720	274 00	274 02	274 05	274 07	274 10	274 12	274 15	274 17	274 20	274 22
9730	274 25	274 27	274 30	274 32	274 35	274 37	274 40	274 42	274 45	274 47
9740	274 50	274 52	274 55	274 57	274 60	274 62	274 65	274 67	274 70	274 72
9750	274 75	274 77	274 80	274 82	274 85	274 87	274 90	274 92	274 95	274 97
9760	275 00	275 02	275 05	275 07	275 10	275 12	275 15	275 17	275 20	275 22
9770	275 25	275 27	275 30	275 32	275 35	275 37	275 40	275 42	275 45	275 47
9780	275 50	275 52	275 55	275 57	275 60	275 62	275 65	275 67	275 70	275 72
9790	275 75	275 77	275 80	275 82	275 85	275 87	275 90	275 92	275 95	275 97
9800	276 00	276 02	276 05	276 07	276 10	276 12	276 15	276 17	276 20	276 22
9810	276 25	276 27	276 30	276 32	276 35	276 37	276 40	276 42	276 45	276 47
9820	276 50	276 52	276 55	276 57	276 60	276 62	276 65	276 67	276 70	276 72
9830	276 75	276 77	276 80	276 82	276 85	276 87	276 90	276 92	276 95	276 97
9840	277 00	277 02	277 05	277 07	277 10	277 12	277 15	277 17	277 20	277 22
9850	277 25	277 27	277 30	277 32	277 35	277 37	277 40	277 42	277 45	277 47
9860	277 50	277 52	277 55	277 57	277 60	277 62	277 65	277 67	277 70	277 72
9870	277 75	277 77	277 80	277 82	277 85	277 87	277 90	277 92	277 95	277 97
9880	278 00	278 02	278 05	278 07	278 10	278 12	278 15	278 17	278 20	278 22
9890	278 25	278 27	278 30	278 32	278 35	278 37	278 40	278 42	278 45	278 47
9900	278 50	278 52	278 55	278 57	278 60	278 62	278 65	278 67	278 70	278 72
9910	278 75	278 77	278 80	278 82	278 85	278 87	278 90	278 92	278 95	278 97
9920	279 00	279 02	279 05	279 07	279 10	279 12	279 15	279 17	279 20	279 22
9930	279 25	279 27	279 30	279 32	279 35	279 37	279 40	279 42	279 45	279 47
9940	279 50	279 52	279 55	279 57	279 60	279 62	279 65	279 67	279 70	279 72
9950	279 75	279 77	279 80	279 82	279 85	279 87	279 90	279 92	279 95	279 97
9960	280 00	280 02	280 05	280 07	280 10	280 12	280 15	280 17	280 20	280 22
9970	280 25	280 27	280 30	280 32	280 35	280 37	280 40	280 42	280 45	280 47
9980	280 50	280 52	280 55	280 57	280 60	280 62	280 65	280 67	280 70	280 72
9990	280 75	280 77	280 80	280 82	280 85	280 87	280 90	280 92	280 95	280 97

SECONDE PARTIE

Ayant pour but d'éviter aux vérificateurs les multiplications des totaux de l'état n° 34.

———

Les barêmes composant cette seconde partie ont été faits pour récapituler jusqu'à 20 recettes-buralistes. Il est douteux qu'il existe des circonscriptions embrassant un plus grand nombre de bureaux de l'espèce.

En tête de chaque tableau est indiquée la manière de trouver d'un coup d'œil et par l'addition mentale d'un seul chiffre, la valeur d'un nombre quelconque de timbres aux différents taux.

Vérification de l'état n° 34.

Le tableau ci-dessous s'applique aux timbres à **12 cent. 1/2.** La partie droite du tableau donne sans calcul les comptes faits depuis 1 timbre jusqu'à 399. Lorsqu'on a à opérer sur un plus grand nombre de timbres, par exemple sur 1845, on cherche dans la partie gauche du tableau, colonne des timbres, le nombre inférieur à 1845 qui s'en rapproche le plus : ce nombre est 1840, qui donne 230 fr. de remise; il suffit d'ajouter à cette somme la valeur des 5 timbres complémentaires, soit 62 cent., et l'on a sans calcul 230 fr. 62 cent. — Quel que soit le nombre des timbres au delà de 400, on n'a jamais à ajouter à la somme donnée par la partie gauche du tableau, que l'un des sept premiers nombres de la partie droite, ce qui a lieu d'un coup d'œil.

12 CENT. 1/2 PAR TIMBRE.

Timbres.	fr.	Timbres.	fr.	Timbres.	fr.	Timbres.	fr.	Timbres.	fr.	Timbres.	0	1	2	3	4	5	6	7	8	9
400	50	720	90	1040	130	1360	170	1680	210	10	1.25	0.12	0.25	0.37	0.50	0.62	0.75	0.87	1.00	1.12
408	51	728	91	1048	131	1368	171	1688	211	20	2.50	2.62	2.75	2.87	3.00	3.12	3.25	3.37	3.50	3.62
416	52	736	92	1056	132	1376	172	1696	212	30	3.75	3.87	4.00	4.12	4.25	4.37	4.50	4.62	4.75	4.87
424	53	744	93	1064	133	1384	173	1704	213	40	5.00	5.12	5.25	5.37	5.50	5.62	5.75	5.87	6.00	6.12
432	54	752	94	1072	134	1392	174	1712	214	50	6.25	6.37	6.50	6.62	6.75	6.87	7.00	7.12	7.25	7.37
440	55	760	95	1080	135	1400	175	1720	215	60	7.50	7.62	7.75	7.87	8.00	8.12	8.25	8.37	8.50	8.62
448	56	768	96	1088	136	1408	176	1728	216	70	8.75	8.87	9.00	9.12	9.25	9.37	9.50	9.62	9.75	9.87
456	57	776	97	1096	137	1416	177	1736	217	80	10.00	10.12	10.25	10.37	10.50	10.62	10.75	10.87	11.00	11.12
464	58	784	98	1104	138	1424	178	1744	218	90	11.25	11.37	11.50	11.62	11.75	11.87	12.00	12.12	12.25	12.37
472	59	792	99	1112	139	1432	179	1752	219											
480	60	800	100	1120	140	1440	180	1760	220	100	12.50	12.62	12.75	12.87	13.00	13.12	13.25	13.37	13.50	13.62
488	61	808	101	1128	141	1448	181	1768	221	110	13.75	13.87	14.00	14.12	14.25	14.37	14.50	14.62	14.75	14.87
496	62	816	102	1136	142	1456	182	1776	222	120	15.00	15.12	15.25	15.37	15.50	15.62	15.75	15.87	16.00	16.12
504	63	824	103	1144	143	1464	183	1784	223	130	16.25	16.37	16.50	16.62	16.75	16.87	17.00	17.12	17.25	17.37
512	64	832	104	1152	144	1472	184	1792	224	140	17.50	17.62	17.75	17.87	18.00	18.12	18.25	18.37	18.50	18.62
520	65	840	105	1160	145	1480	185	1800	225	150	18.75	18.87	19.00	19.12	19.25	19.37	19.50	19.62	19.75	19.87
528	66	848	106	1168	146	1488	186	1808	226	160	20.00	20.12	20.25	20.37	20.50	20.62	20.75	20.87	21.00	21.12
536	67	856	107	1176	147	1496	187	1816	227	170	21.25	21.37	21.50	21.62	21.75	21.87	22.00	22.12	22.25	22.37
544	68	864	108	1184	148	1504	188	1824	228	180	22.50	22.62	22.75	22.87	23.00	23.12	23.25	23.37	23.50	23.62
552	69	872	109	1192	149	1512	189	1832	229	190	23.75	23.87	24.00	24.12	24.25	24.37	24.50	24.62	24.75	24.87
560	70	880	110	1200	150	1520	190	1840	230	200	25.00	25.12	25.25	25.37	25.50	25.62	25.75	25.87	26.00	26.12
568	71	888	111	1208	151	1528	191	1848	231	210	26.25	26.37	26.50	26.62	26.75	26.87	27.00	27.12	27.25	27.37
576	72	896	112	1216	152	1536	192	1856	232	220	27.50	27.62	27.75	27.87	28.00	28.12	28.25	28.37	28.50	28.62
584	73	904	113	1224	153	1544	193	1864	233	230	28.75	28.87	29.00	29.12	29.25	29.37	29.50	29.62	29.75	29.87
592	74	912	114	1232	154	1552	194	1872	234	240	30.00	30.12	30.25	30.37	30.50	30.62	30.75	30.87	31.00	31.12
600	75	920	115	1240	155	1560	195	1880	235	250	31.25	31.37	31.50	31.62	31.75	31.87	32.00	32.12	32.25	32.37
608	76	928	116	1248	156	1568	196	1888	236	260	32.50	32.62	32.75	32.87	33.00	33.12	33.25	33.37	33.50	33.62
616	77	936	117	1256	157	1576	197	1896	237	270	33.75	33.87	34.00	34.12	34.25	34.37	34.50	34.62	34.75	34.87
624	78	944	118	1264	158	1584	198	1904	238	280	35.00	35.12	35.25	35.37	35.50	35.62	35.75	35.87	36.00	36.12
632	79	952	119	1272	159	1592	199	1912	239	290	36.25	36.37	36.50	36.62	36.75	36.87	37.00	37.12	37.25	37.37
640	80	960	120	1280	160	1600	200	1920	240	300	37.50	37.62	37.75	37.87	38.00	38.12	38.25	38.37	38.50	38.62
648	81	968	121	1288	161	1608	201	1928	241	310	38.75	38.87	39.00	39.12	39.25	39.37	39.50	39.62	39.75	39.87
656	82	976	122	1296	162	1616	202	1936	242	320	40.00	40.12	40.25	40.37	40.50	40.62	40.75	40.87	41.00	41.12
664	83	984	123	1304	163	1624	203	1944	243	330	41.25	41.37	41.50	41.62	41.75	41.87	42.00	42.12	42.25	42.37
672	84	992	124	1312	164	1632	204	1952	244	340	42.50	42.62	42.75	42.87	43.00	43.12	43.25	43.37	43.50	43.62
680	85	1000	125	1320	165	1640	205	1960	245	350	43.75	43.87	44.00	44.12	44.25	44.37	44.50	44.62	44.75	44.87
688	86	1008	126	1328	166	1648	206	1968	246	360	45.00	45.12	45.25	45.37	45.50	45.62	45.75	45.87	46.00	46.12
696	87	1016	127	1336	167	1656	207	1976	247	370	46.25	46.37	46.50	46.62	46.75	46.87	47.00	47.12	47.25	47.37
704	88	1024	128	1344	168	1664	208	1984	248	380	47.50	47.62	47.75	47.87	48.00	48.12	48.25	48.37	48.50	48.62
712	89	1032	129	1352	169	1672	209	1992	249	390	48.75	48.87	49.00	49.12	49.25	49.37	49.50	49.62	49.75	49.87

Pour les timbres à **7** et à **5** centimes, la partie droite des deux premiers tableaux ci-dessous donne les comptes faits jusqu'à 99 timbres. Au delà de ce nombre on a recours à la partie gauche. Soit à trouver le taux de 3095 timbres à 7 centimes. Dans la partie gauche, le nombre 3000 donne 210 fr. de remise ; en y ajoutant pour 95 timbres (partie droite), 6 fr. 65 cent, on a 216 fr. 65 cent., résultat obtenu par l'addition mentale d'un seul chiffre, les centimes étant toujours invariables.

7 CENT. PAR TIMBRE.

Timb.	fr.	Timb.	fr.	Timb.	fr.	Timb.	fr.
100	7	1100	77	2100	147	3100	217
200	14	1200	84	2200	154	3200	224
300	21	1300	91	2300	161	3300	231
400	28	1400	98	2400	168	3400	238
500	35	1500	105	2500	175	3500	245
600	42	1600	112	2600	182	3600	252
700	49	1700	119	2700	189	3700	259
800	56	1800	126	2800	196	3800	266
900	63	1900	133	2900	203	3900	273
1000	70	2000	140	3000	210	4000	280

Timb.	0	1	2	3	4	5	6	7	8	9
		0.07	0.14	0.21	0.28	0.35	0.42	0.49	0.56	0.63
10	0.70	0.77	0.84	0.91	0.98	1.05	1.12	1.19	1.26	1.33
20	1.40	1.47	1.54	1.61	1.68	1.75	1.82	1.89	1.96	2.03
30	2.10	2.17	2.24	2.31	2.38	2.45	2.52	2.59	2.66	2.73
40	2.80	2.87	2.94	3.01	3.08	3.15	3.22	3.29	3.36	3.43
50	3.50	3.57	3.64	3.71	3.78	3.85	3.92	3.99	4.06	4.13
60	4.20	4.27	4.34	4.41	4.48	4.55	4.62	4.69	4.76	4.83
70	4.90	4.97	5.04	5.11	5.18	5.25	5.32	5.39	5.46	5.53
80	5.60	5.67	5.74	5.81	5.88	5.95	6.02	6.09	6.16	6.23
90	6.30	6.37	6.44	6.51	6.58	6.65	6.72	6.79	6.86	6.93

5 CENT. PAR TIMBRE.

Timb.	fr.	Timb.	fr.	Timb.	fr.	Timb.	fr.
100	5	1100	55	2100	105	3100	155
200	10	1200	60	2200	110	3200	160
300	15	1300	65	2300	115	3300	165
400	20	1400	70	2400	120	3400	170
500	25	1500	75	2500	125	3500	175
600	30	1600	80	2600	130	3600	180
700	35	1700	85	2700	135	3700	185
800	40	1800	90	2800	140	3800	190
900	45	1900	95	2900	145	3900	195
1000	50	2000	100	3000	150	4000	200

Timb.	0	1	2	3	4	5	6	7	8	9
		0.05	0.10	0.15	0.20	0.25	0.30	0.35	0.40	0.45
10	0.50	0.55	0.60	0.65	0.70	0.75	0.80	0.85	0.90	0.95
20	1.00	1.05	1.10	1.15	1.20	1.25	1.30	1.35	1.40	1.45
30	1.50	1.55	1.60	1.65	1.70	1.75	1.80	1.85	1.90	1.95
40	2.00	2.05	2.10	2.15	2.20	2.25	2.30	2.35	2.40	2.45
50	2.50	2.55	2.60	2.65	2.70	2.75	2.80	2.85	2.90	2.95
60	3.00	3.05	3.10	3.15	3.20	3.25	3.30	3.35	3.40	3.45
70	3.50	3.55	3.60	3.65	3.70	3.75	3.80	3.85	3.90	3.95
80	4.00	4.05	4.10	4.15	4.20	4.25	4.30	4.35	4.40	4.45
90	4.50	4.55	4.60	4.65	4.70	4.75	4.80	4.85	4.90	4.95

4 CENT. 1/2 PAR TIMBRE.

Timb.	fr.	Timb.	fr.	Timb.	fr.	Timb.	fr.
200	9	1200	54	2200	99	3200	144
400	18	1400	63	2400	108	3400	153
600	27	1600	72	2600	117	3600	162
800	36	1800	81	2800	126	3800	171
1000	45	2000	90	3000	135	4000	180

Timb.	0	1	2	3	4	5	6	7	8	9
		0.04	0.09	0.13	0.18	0.22	0.27	0.31	0.36	0.40
10	0.45	0.49	0.54	0.58	0.63	0.67	0.72	0.76	0.81	0.85
20	0.90	0.94	0.99	1.03	1.08	1.12	1.17	1.21	1.26	1.30
30	1.35	1.39	1.44	1.48	1.53	1.57	1.62	1.66	1.71	1.75
40	1.80	1.84	1.89	1.93	1.98	2.02	2.07	2.11	2.16	2.20
50	2.25	2.29	2.34	2.38	2.43	2.47	2.52	2.56	2.61	2.65
60	2.70	2.74	2.79	2.83	2.88	2.92	2.97	3.01	3.06	3.10
70	3.15	3.19	3.24	3.28	3.33	3.37	3.42	3.46	3.51	3.55
80	3.60	3.64	3.69	3.73	3.78	3.82	3.87	3.91	3.96	4.00
90	4.05	4.09	4.14	4.18	4.23	4.27	4.32	4.36	4.41	4.45
100	4.50	4.54	4.59	4.63	4.68	4.72	4.77	4.81	4.86	4.90
110	4.95	4.99	5.04	5.08	5.13	5.17	5.22	5.26	5.31	5.35
120	5.40	5.44	5.49	5.53	5.58	5.62	5.67	5.71	5.76	5.80
130	5.85	5.89	5.94	5.98	6.03	6.07	6.12	6.16	6.21	6.25
140	6.30	6.34	6.39	6.43	6.48	6.52	6.57	6.61	6.66	6.70
150	6.75	6.79	6.84	6.88	6.93	6.97	7.02	7.06	7.11	7.15
160	7.20	7.24	7.29	7.33	7.38	7.42	7.47	7.51	7.56	7.60
170	7.65	7.69	7.74	7.78	7.83	7.87	7.92	7.96	8.01	8.05
180	8.10	8.14	8.19	8.23	8.28	8.32	8.37	8.41	8.46	8.50
190	8.55	8.59	8.64	8.68	8.73	8.77	8.82	8.86	8.91	8.95

Le tableau ci-contre donne les comptes faits jusqu'à 199 timbres à 4 cent. 1/2. Au delà de 199 timbres, on se sert du petit tableau ci-dessus, et on opère comme nous l'indiquons plus haut pour les timbres à 7 et à 5 centimes.

Les tableaux ci-dessous, pour les timbres à **3 cent. 1ı2** et à **2 cent. 1ı2**, sont établis de la même manière que le tableau concernant les timbres à **4 cent. 1ı2**. Le mode d'opérer est donc exactement le même.

3 CENT. 1/2 PAR TIMBRE.

Timbres.	fr.	Timbres.	fr.	Timbres.	fr.	Timbres.	fr.
200	7	1800	63	3400	119	5000	175
400	14	2000	70	3600	126	5200	182
600	21	2200	77	3800	133	5400	189
800	28	2400	84	4000	140	5600	196
1000	35	2600	91	4200	147	5800	203
1200	42	2800	98	4400	154	6000	210
1400	49	3000	105	4600	161	6200	217
1600	56	3200	112	4800	168	6400	224

Timbres.	0	1	2	3	4	5	6	7	8	9
		0.03	0.07	0.10	0.14	0.17	0.21	0.24	0.28	0.31
10	0.35	0.38	0.42	0.45	0.49	0.52	0.56	0.59	0.63	0.66
20	0.70	0.73	0.77	0.80	0.84	0.87	0.91	0.94	0.98	1.01
30	1.05	1.08	1.12	1.15	1.19	1.22	1.26	1.29	1.33	1.36
40	1.40	1.43	1.47	1.50	1.54	1.57	1.61	1.64	1.68	1.71
50	1.75	1.78	1.82	1.85	1.89	1.92	1.96	1.99	2.03	2.06
60	2.10	2.13	2.17	2.20	2.24	2.27	2.31	2.34	2.38	2.41
70	2.45	2.48	2.52	2.55	2.59	2.62	2.66	2.69	2.73	2.76
80	2.80	2.83	2.87	2.90	2.94	2.97	3.01	3.04	3.08	3.11
90	3.15	3.18	3.22	3.25	3.29	3.32	3.36	3.39	3.43	3.46
100	3.50	3.53	3.57	3.60	3.64	3.67	3.71	3.74	3.78	3.81
110	3.85	3.88	3.92	3.95	3.99	4.02	4.06	4.09	4.13	4.16
120	4.20	4.23	4.27	4.30	4.34	4.37	4.41	4.44	4.48	4.51
130	4.55	4.58	4.62	4.65	4.69	4.72	4.76	4.79	4.83	4.86
140	4.90	4.93	4.97	5.00	5.04	5.07	5.11	5.14	5.18	5.21
150	5.25	5.28	5.32	5.35	5.39	5.42	5.46	5.49	5.53	5.56
160	5.60	5.63	5.67	5.70	5.74	5.77	5.81	5.84	5.88	5.91
170	5.95	5.98	6.02	6.05	6.09	6.12	6.16	6.19	6.23	6.26
180	6.30	6.33	6.37	6.40	6.44	6.47	6.51	6.54	6.58	6.61
190	6.65	6.68	6.72	6.75	6.79	6.82	6.86	6.89	6.93	6.96

2 CENT. 1/2 PAR TIMBRE.

Timbres.	fr.	Timbres.	fr.	Timbres.	fr.	Timbres.	fr.
200	5	4200	105	8200	205	12200	305
400	10	4400	110	8400	210	12400	310
600	15	4600	115	8600	215	12600	315
800	20	4800	120	8800	220	12800	320
1000	25	5000	125	9000	225	13000	325
1200	30	5200	130	9200	230	13200	330
1400	35	5400	135	9400	235	13400	335
1600	40	5600	140	9600	240	13600	340
1800	45	5800	145	9800	245	13800	345
2000	50	6000	150	10000	250	14000	350
2200	55	6200	155	10200	255	14200	355
2400	60	6400	160	10400	260	14400	360
2600	65	6600	165	10600	265	14600	365
2800	70	6800	170	10800	270	14800	370
3000	75	7000	175	11000	275	15000	375
3200	80	7200	180	11200	280	15200	380
3400	85	7400	185	11400	285	15400	385
3600	90	7600	190	11600	290	15600	390
3800	95	7800	195	11800	295	15800	395
4000	100	8000	200	12000	300	16000	400

Timbres.	0	1	2	3	4	5	6	7	8	9
		0.02	0.05	0.07	0.10	0.12	0.15	0.17	0.20	0.22
10	0.25	0.27	0.30	0.32	0.35	0.37	0.40	0.42	0.45	0.47
20	0.50	0.52	0.55	0.57	0.60	0.62	0.65	0.67	0.70	0.72
30	0.75	0.77	0.80	0.82	0.85	0.87	0.90	0.92	0.95	0.97
40	1.00	1.02	1.05	1.07	1.10	1.12	1.15	1.17	1.20	1.22
50	1.25	1.27	1.30	1.32	1.35	1.37	1.40	1.42	1.45	1.47
60	1.50	1.52	1.55	1.57	1.60	1.62	1.65	1.67	1.70	1.72
70	1.75	1.77	1.80	1.82	1.85	1.87	1.90	1.92	1.95	1.97
80	2.00	2.02	2.05	2.07	2.10	2.12	2.15	2.17	2.20	2.22
90	2.25	2.27	2.30	2.32	2.35	2.37	2.40	2.42	2.45	2.47
100	2.50	2.52	2.55	2.57	2.60	2.62	2.65	2.67	2.70	2.72
110	2.75	2.77	2.80	2.82	2.85	2.87	2.90	2.92	2.95	2.97
120	3.00	3.02	3.05	3.07	3.10	3.12	3.15	3.17	3.20	3.22
130	3.25	3.27	3.30	3.32	3.35	3.37	3.40	3.42	3.45	3.47
140	3.50	3.52	3.55	3.57	3.60	3.62	3.65	3.67	3.70	3.72
150	3.75	3.77	3.80	3.82	3.85	3.87	3.90	3.92	3.95	3.97
160	4.00	4.02	4.05	4.07	4.10	4.12	4.15	4.17	4.20	4.22
170	4.25	4.27	4.30	4.32	4.35	4.37	4.40	4.42	4.45	4.47
180	4.50	4.52	4.55	4.57	4.60	4.62	4.65	4.67	4.70	4.72
190	4.75	4.77	4.80	4.82	4.85	4.87	4.90	4.92	4.95	4.97

MANUEL ENCYCLOPÉDIQUE

DES

CONTRIBUTIONS INDIRECTES ET DES OCTROIS

Par Louis HOURCADE

Rédacteur principal à la Direction générale des Contributions Indirectes (Ministère des Finances)

EXTRAIT DE LA TABLE DES MATIÈRES :

PREMIÈRE PARTIE. — *Du Personnel :* organisation, recrutement, avancement, etc. — *Frais de régie et de perception.* Indemnités et allocations diverses...

DEUXIÈME PARTIE. — *Droits recouvrés par l'administration des Contributions indirectes et diverses catégories d'industriels ou de commerçants placés sous la surveillance de ses agents ;*

TROISIÈME PARTIE — *Contentieux des Contributions indirectes. Affaires correctionnelles et civiles. Procédure et jurisprudence.*

QUATRIÈME PARTIE. — *Octrois.*

Un beau vol. in-8°, *franco*. . . . . **7 francs**

DICTIONNAIRE ABRÉGÉ OU GUIDE PRATIQUE

DE

L'EMPLOYÉ DES CONTRIBUTIONS INDIRECTES

Par Eugène AUSSET

Contrôleur à Chauny (Aisne)

Ce Dictionnaire dont chaque mot est précédé d'un index fort ingénieux, permet de se remémorer avec certitude, en un instant, la Doctrine et la Pratique de l'Administration sur un point quelconque du service.

Un vol. in 8°. . . . . **7 fr. 50** *franco*

MANUEL SCIENTIFIQUE

SUIVI DE

NOTIONS ÉLÉMENTAIRES D'ÉCONOMIE POLITIQUE

DE DROIT CIVIL ET D'INSTRUCTION CIVIQUE

A L'USAGE DES

ASPIRANTS AU SURNUMÉRARIAT

ET DES CANDIDATS AU CONTROLE ET A L'ADMINISTRATION CENTRALE

DES

CONTRIBUTIONS INDIRECTES

PRÉSENTANT :

1° Les .conditions d'âge et d'admission, les pièces à fournir, les matières sur lesquelles porte l'examen et les coefficients attribués à chacune de ces matières. — 2° Les éléments de Physique et de Chimie compris au programme. — 3° Les Formules des Surfaces et des Volumes d'un certain nombre de corps géométriques. — 4° Des Notions élémentaires de Jaugeage. — 5° .Enfin des Problèmes posés aux concours depuis 1885, avec leurs solutions raisonnées. — 6° L'organisation politique, judiciaire et administrative de la .France. — 7° L'Etat des Finances publiques. — 8° Notions de droit civil. — 9° Notions d'économie politique

2 volumes grand in-8°, avec nombreuses gravures dans le texte. Prix : **6 fr. 85** *franco*

LES CONCOURS

Pour l'accès aux grades supérieurs dans l'administration des Contributions Indirectes

Volume grand in-8° *franco*. . . . . **5 fr. 50**

L'ouvrage, précédé d'un avant-propos, est divisé en trois parties :

La 1re contient les instructions de l'Administration relatives aux concours pour le Contrôle et pour l'Administration centrale.

La 2e comprend les questions posées aux concours depuis 1882, avec des références aux ouvrages utiles à consulter, et, en ce qui concerne les questions orales des concours les plus récents, les développements qu'elles ont reçus au cours des interrogations.

La 3e renferme des conseils aux candidats, suivis de sept modèles de Compositions, dont les sujets ont été donnés aux concours, et qui sont traitées avec les développements dont elles étaient susceptibles.